LEVEL :

NOTES :

LEVEL :

NOTES :

LEVEL :

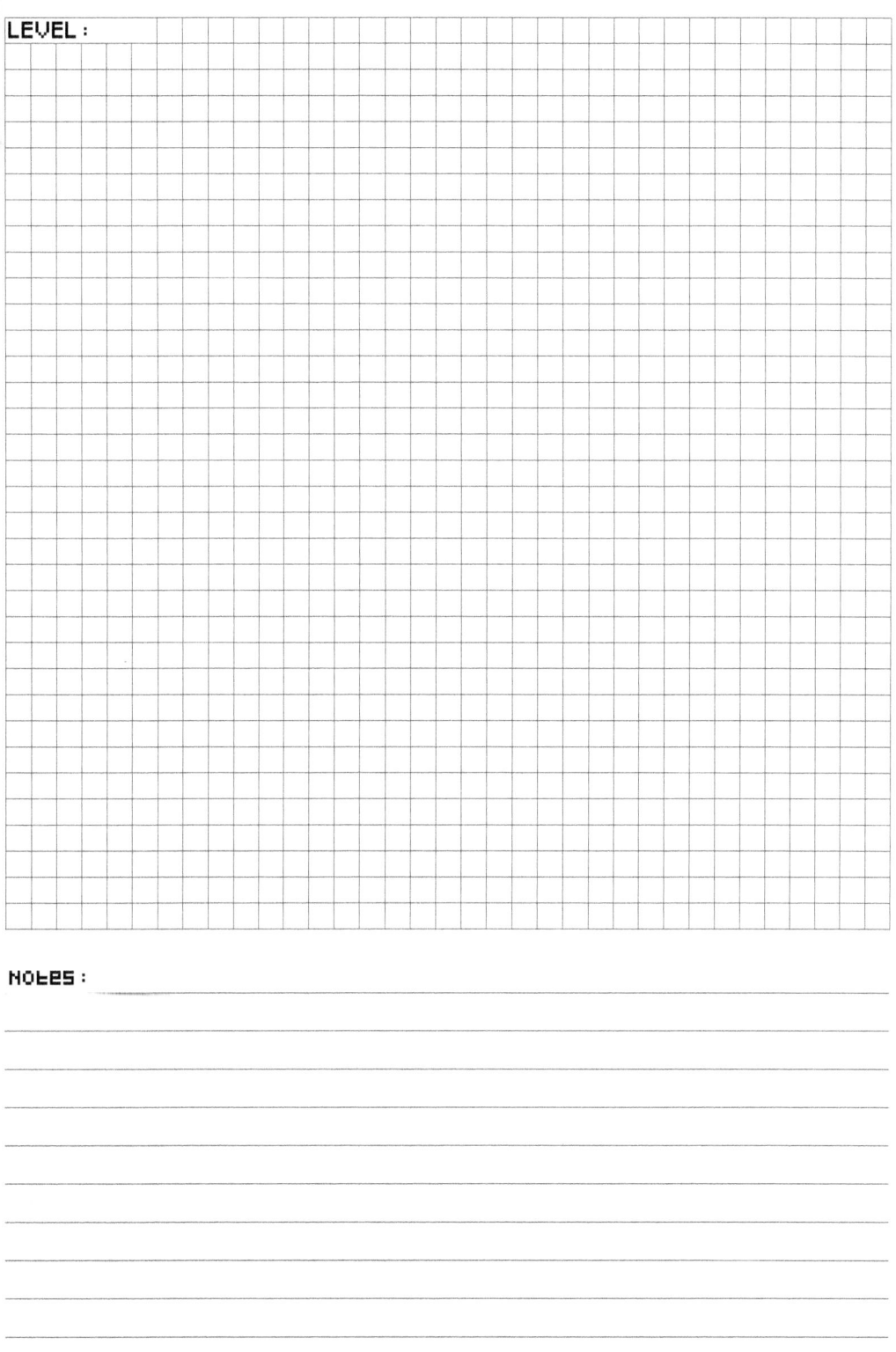

NOTES :

LEVEL :

NOLES :

LEVEL :

NOTES :

LEVEL :

NOTES :

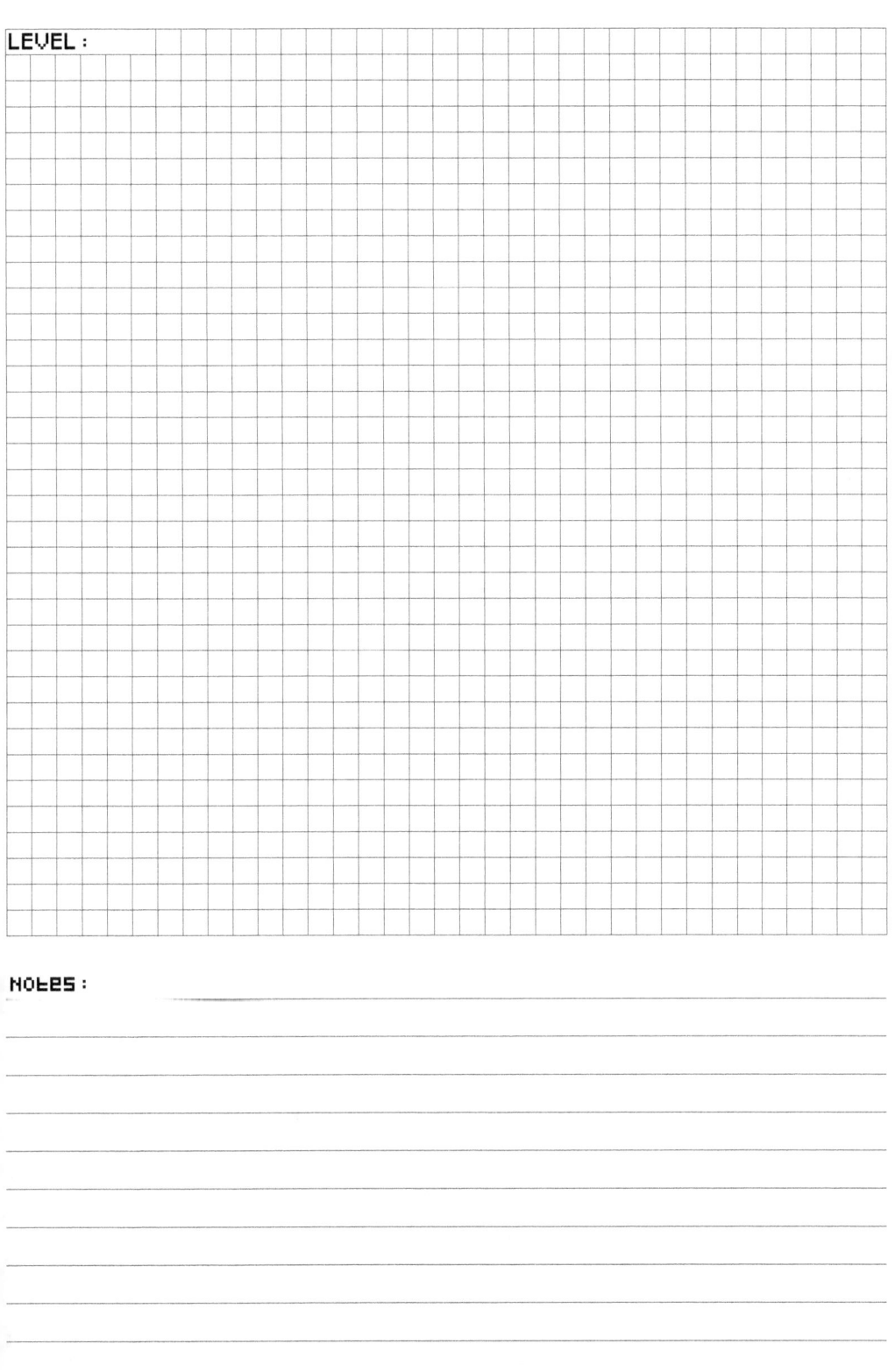

LEVEL :

NOTES :

LEVEL :

NOTES :

LEVEL :

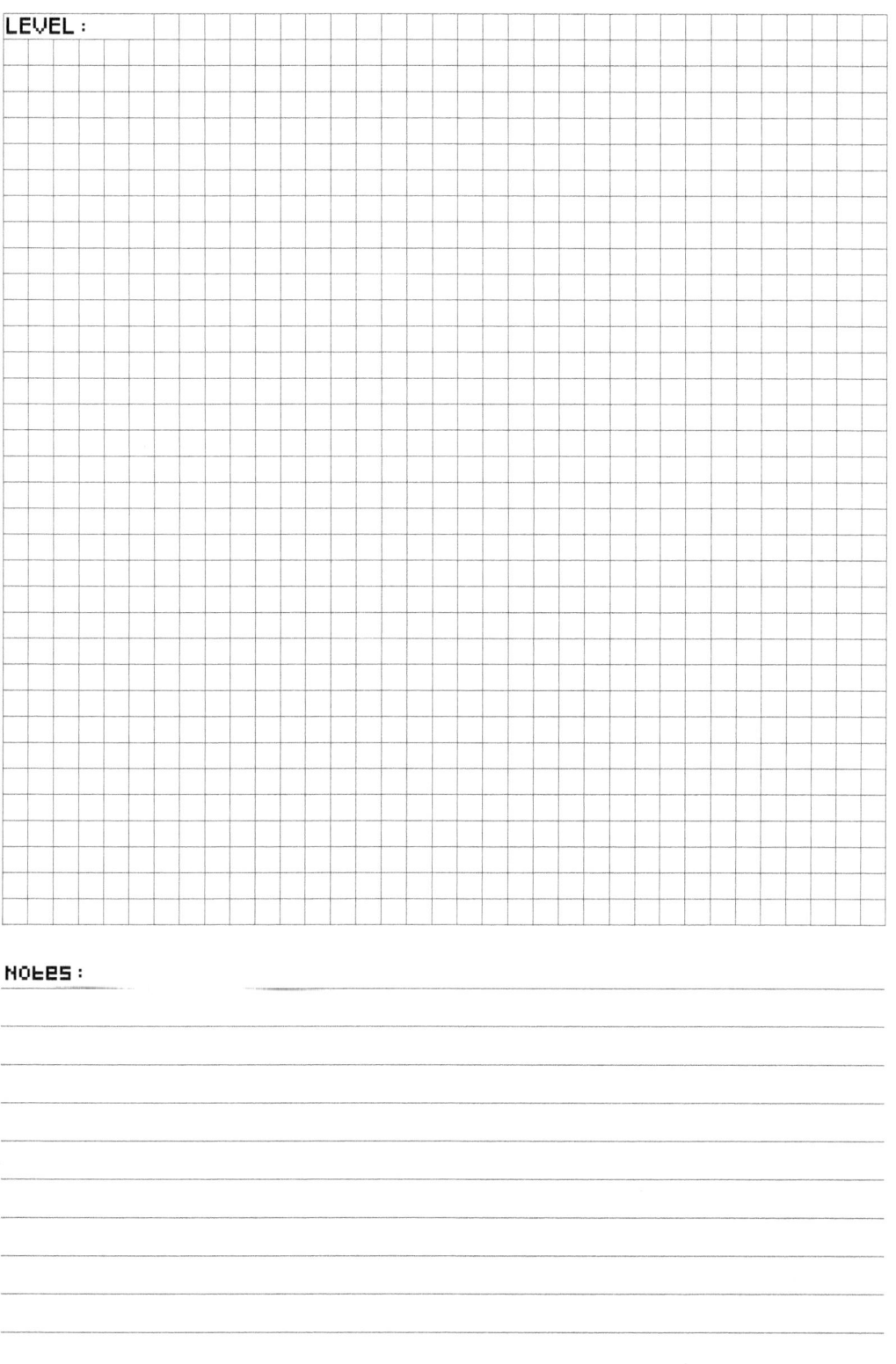

NOTES :

LEVEL :

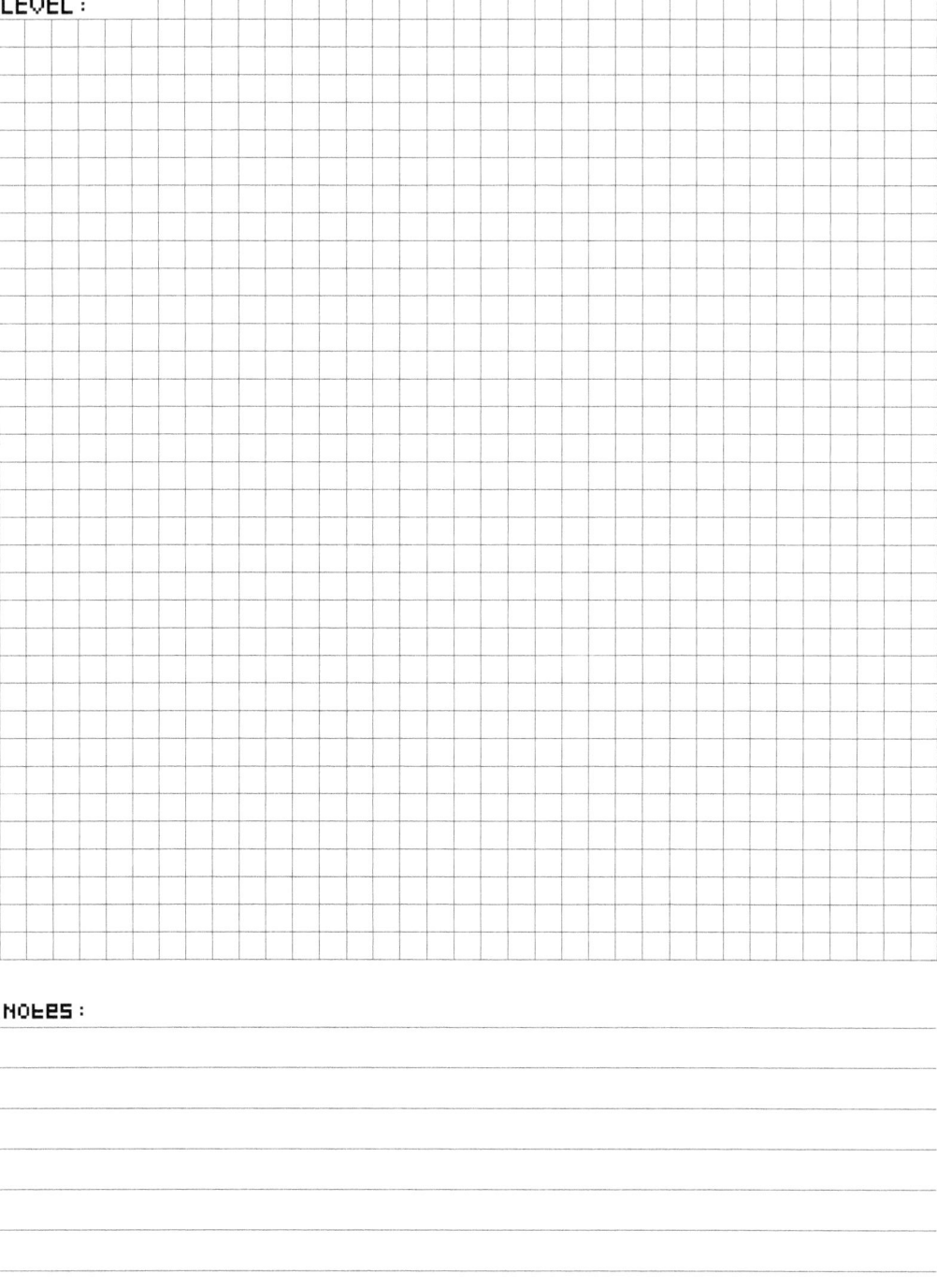

NOTES :

LEVEL :

NOtes :

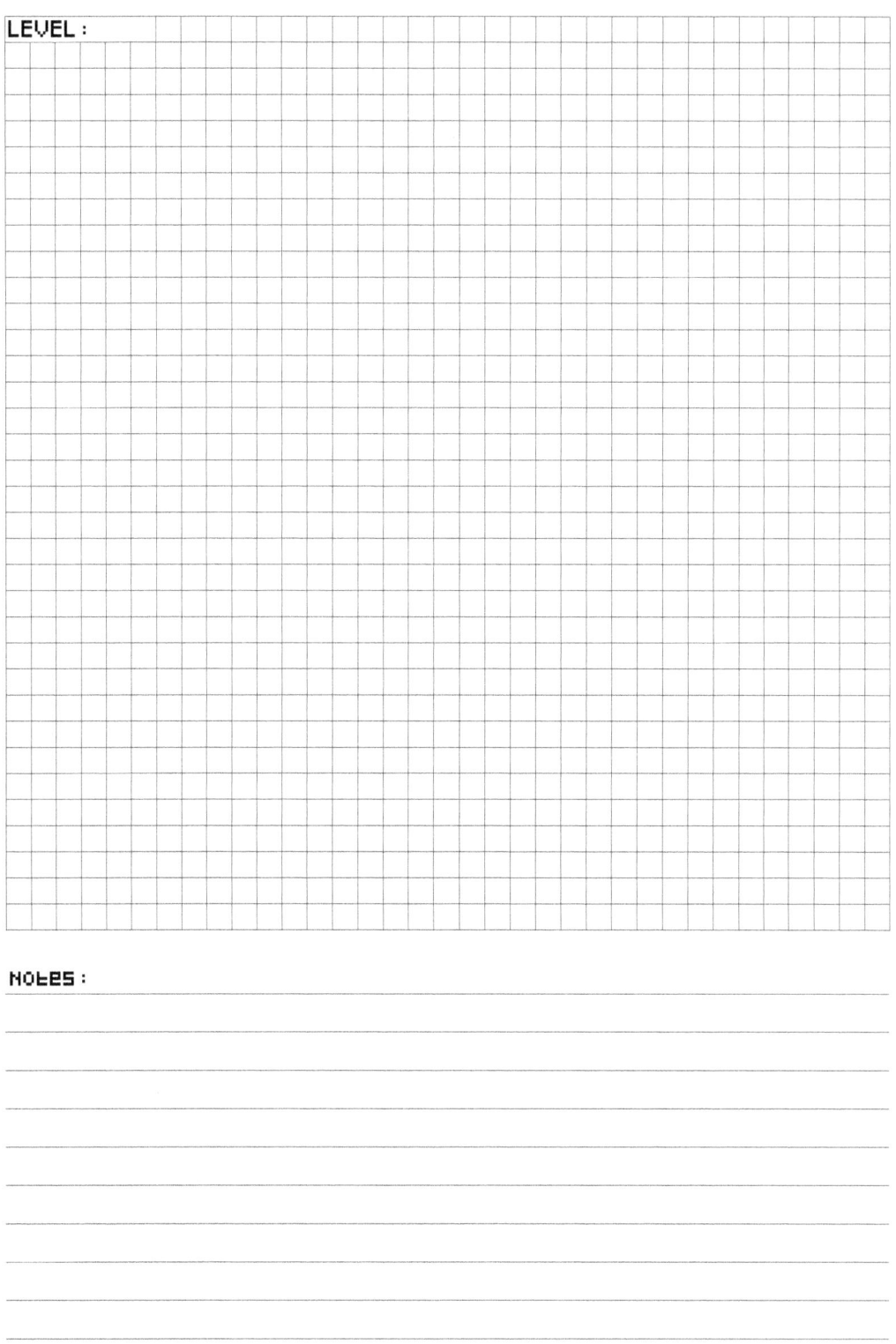

LEVEL :

NOTES :

LEVEL :

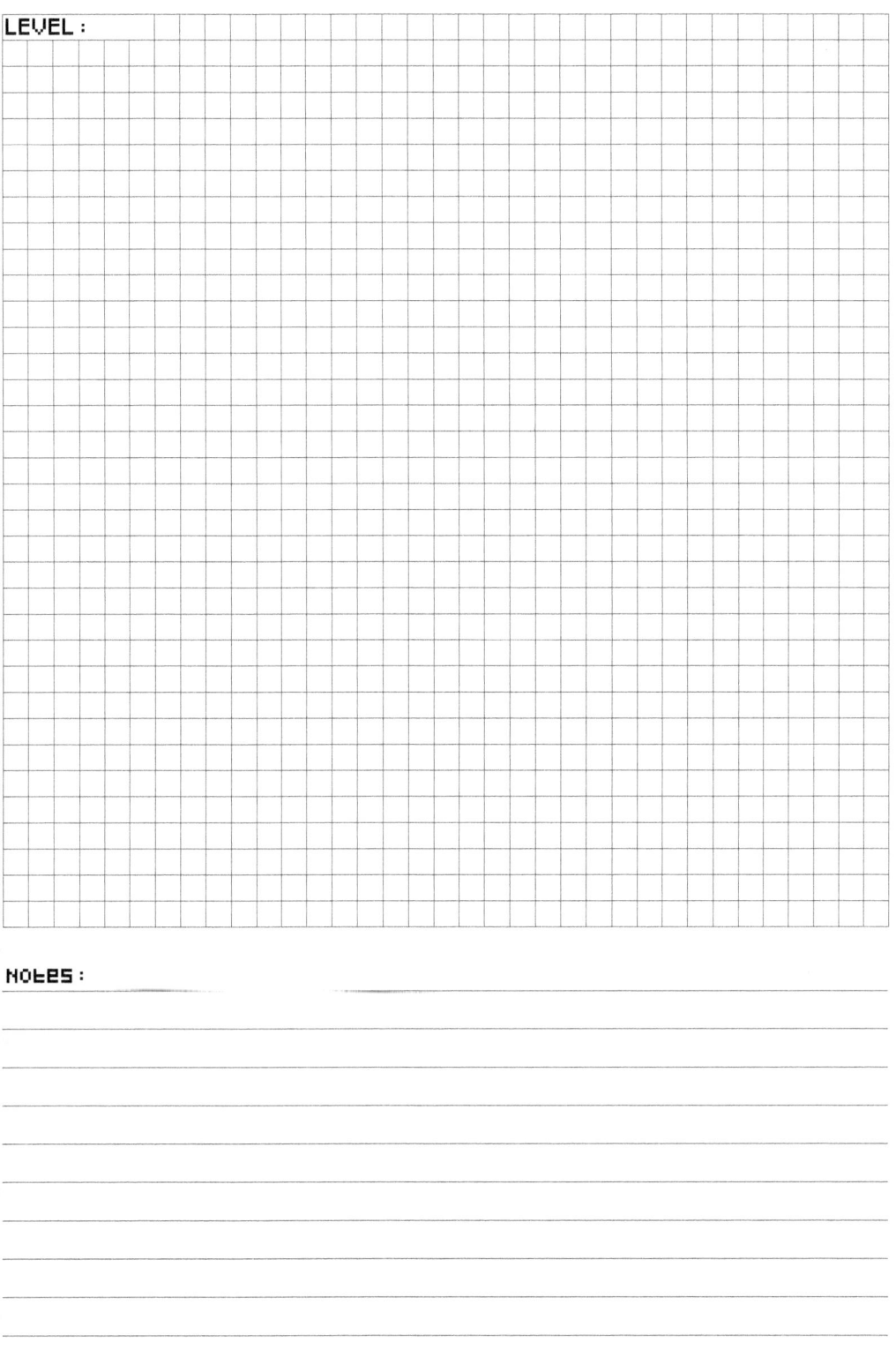

NOTES :

LEVEL :

NOTES :

LEVEL :

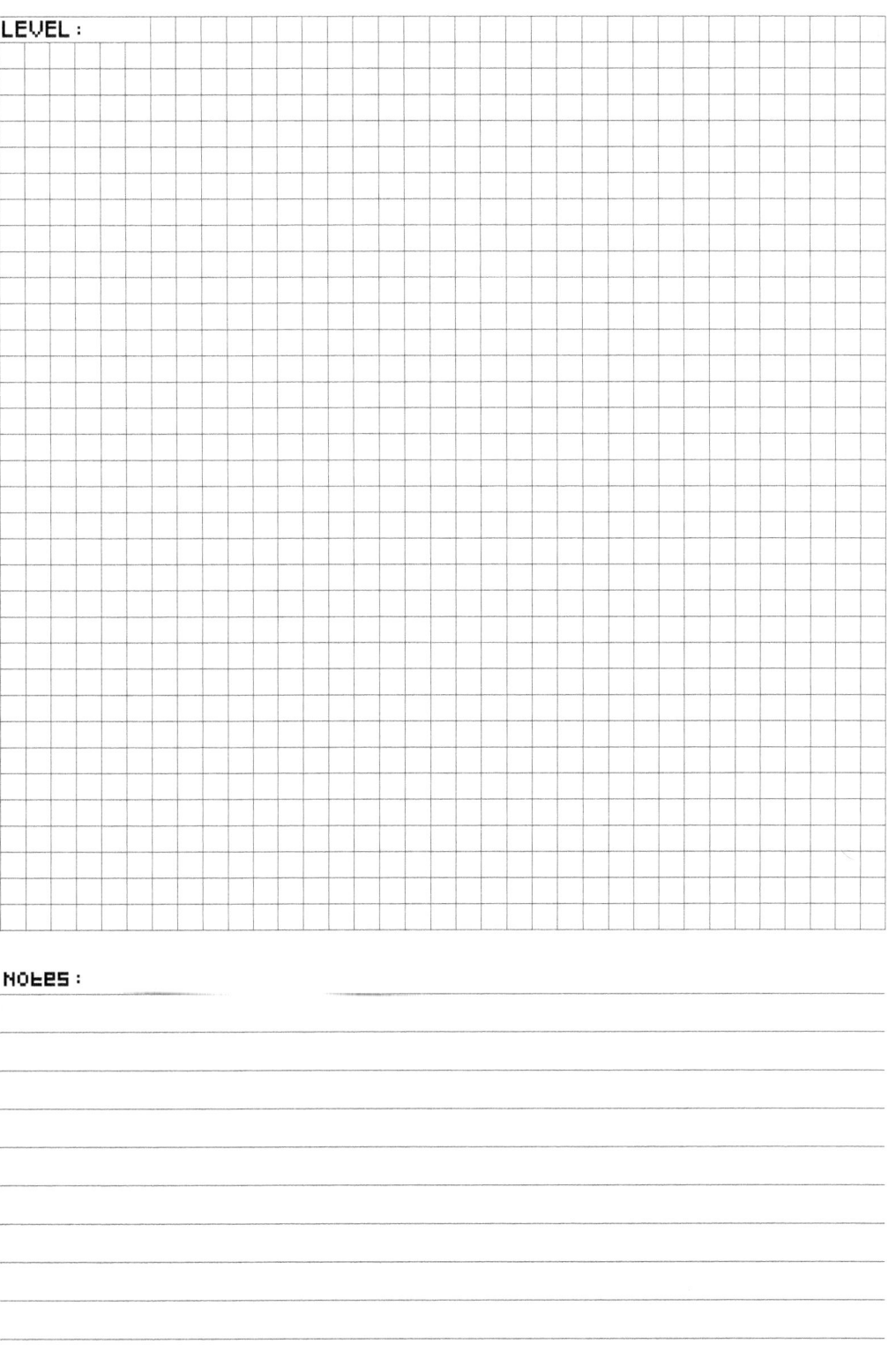

NOTES :

LEVEL :

NOLES :

LEVEL :

NOTES :

LEVEL :

NOTES :

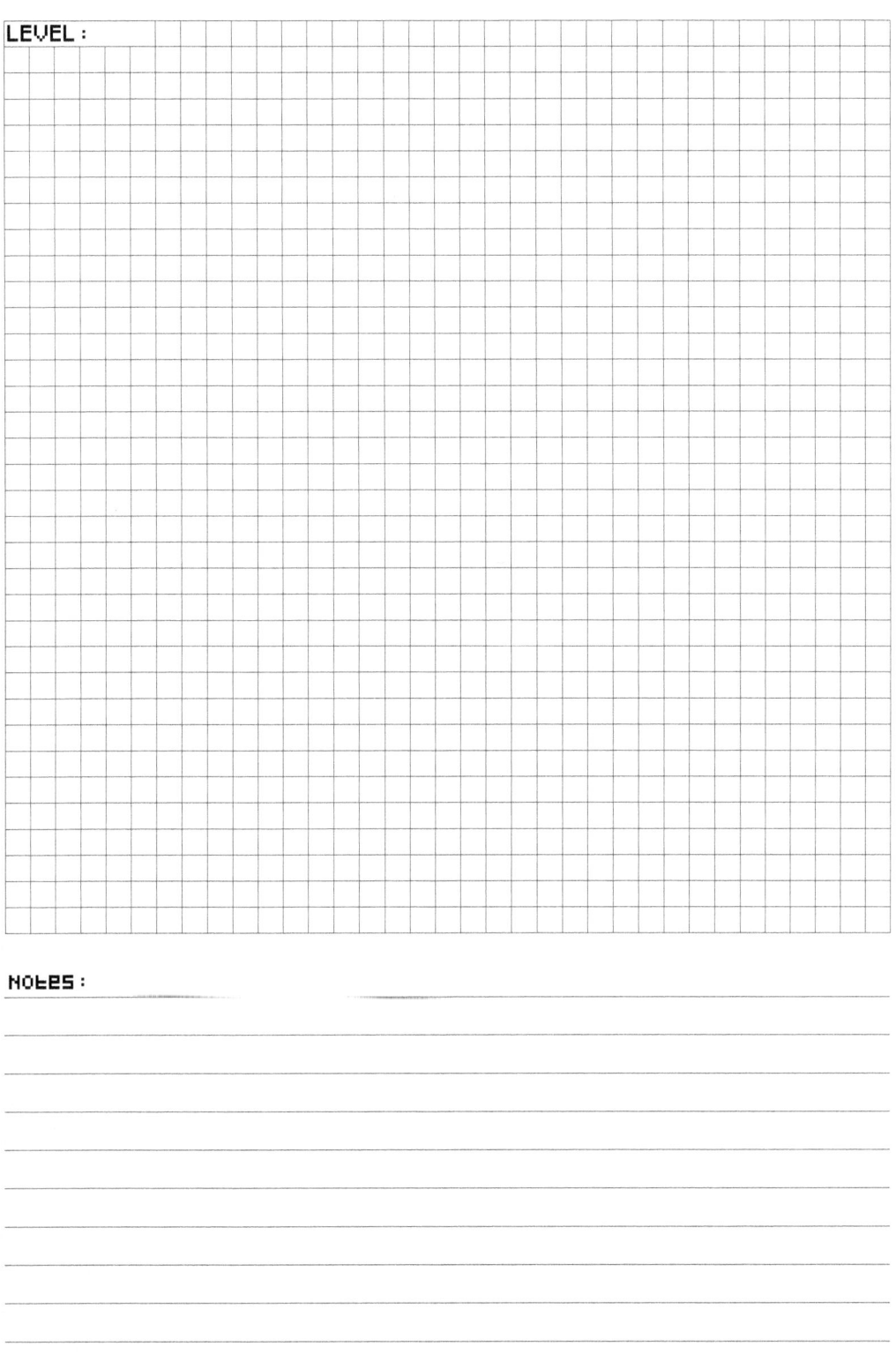

LEVEL :

NOTES :

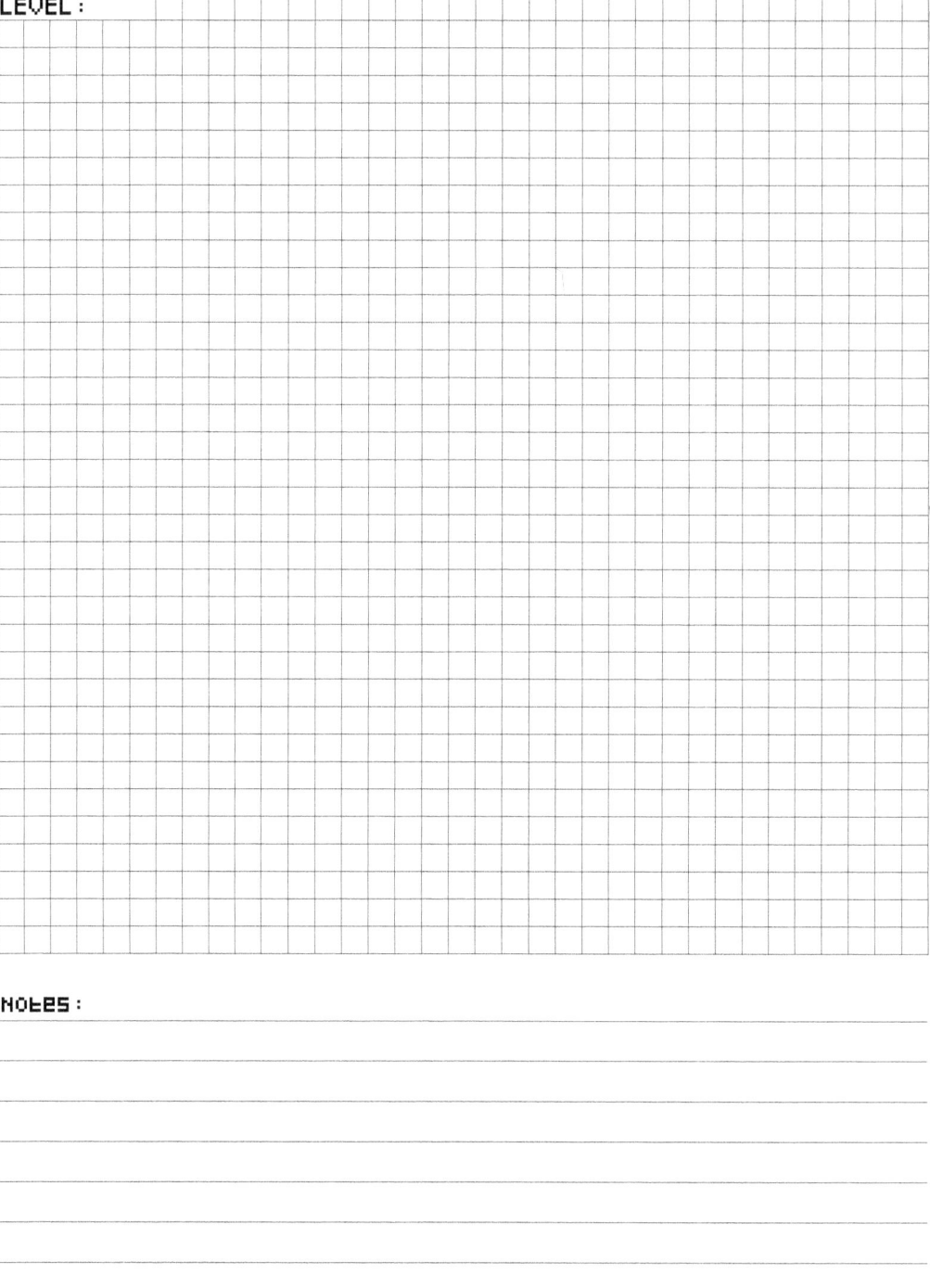

LEVEL :

NOTES :

LEVEL :

NOTES :

LEVEL :

NOLES :

LEVEL :

NOLES :

LEVEL :

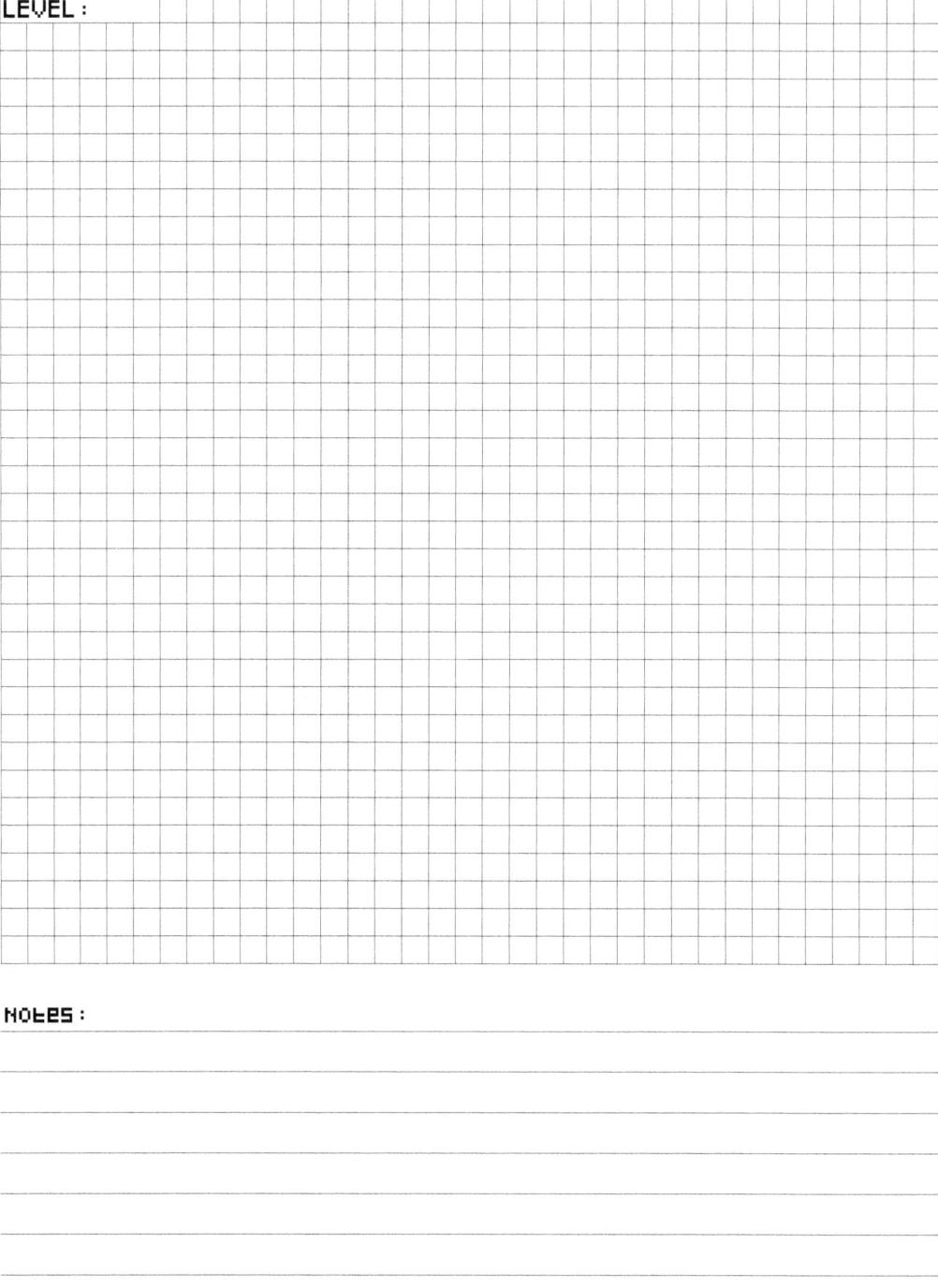

NOTES :

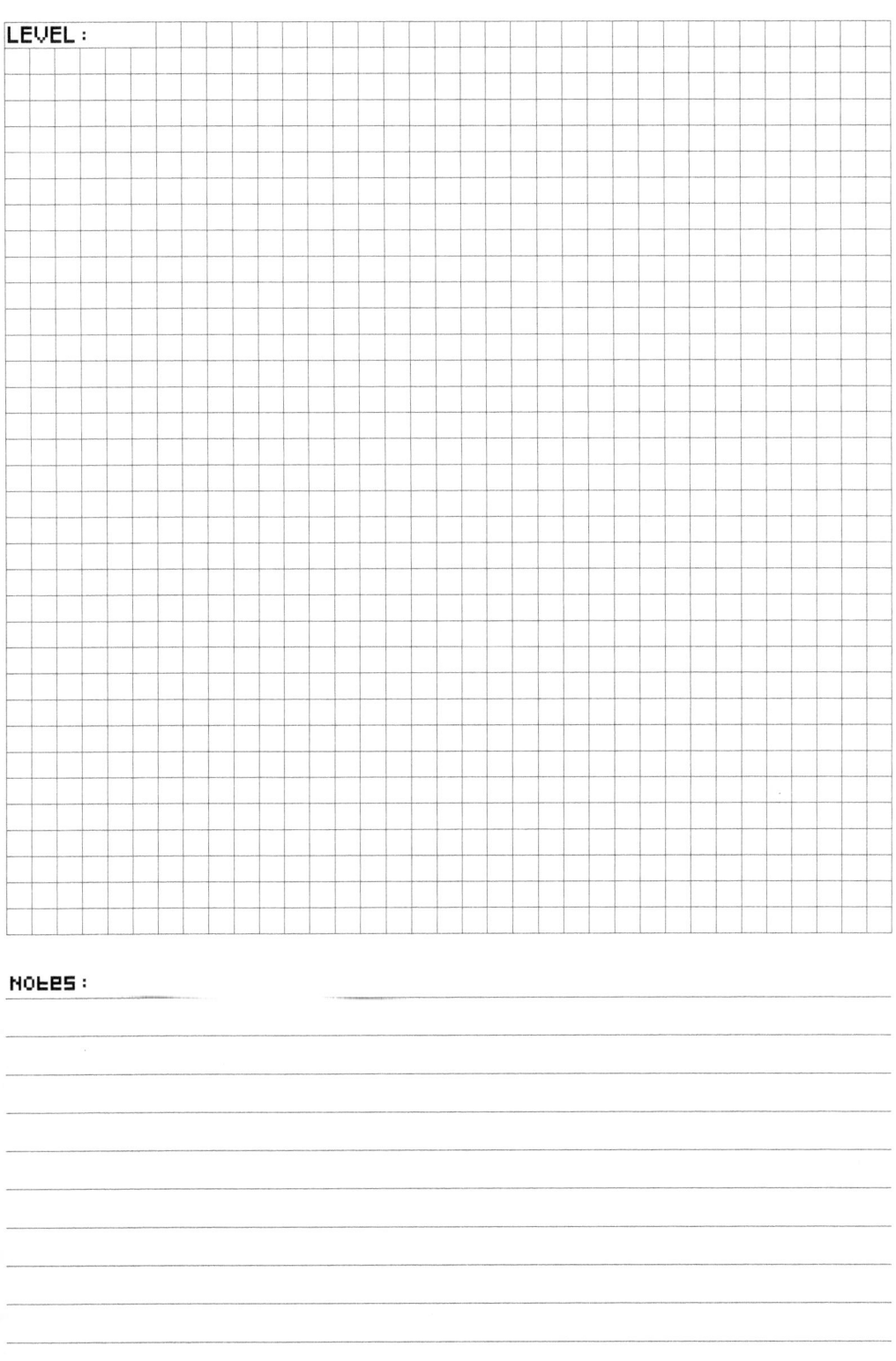

NOLES :

LEVEL :

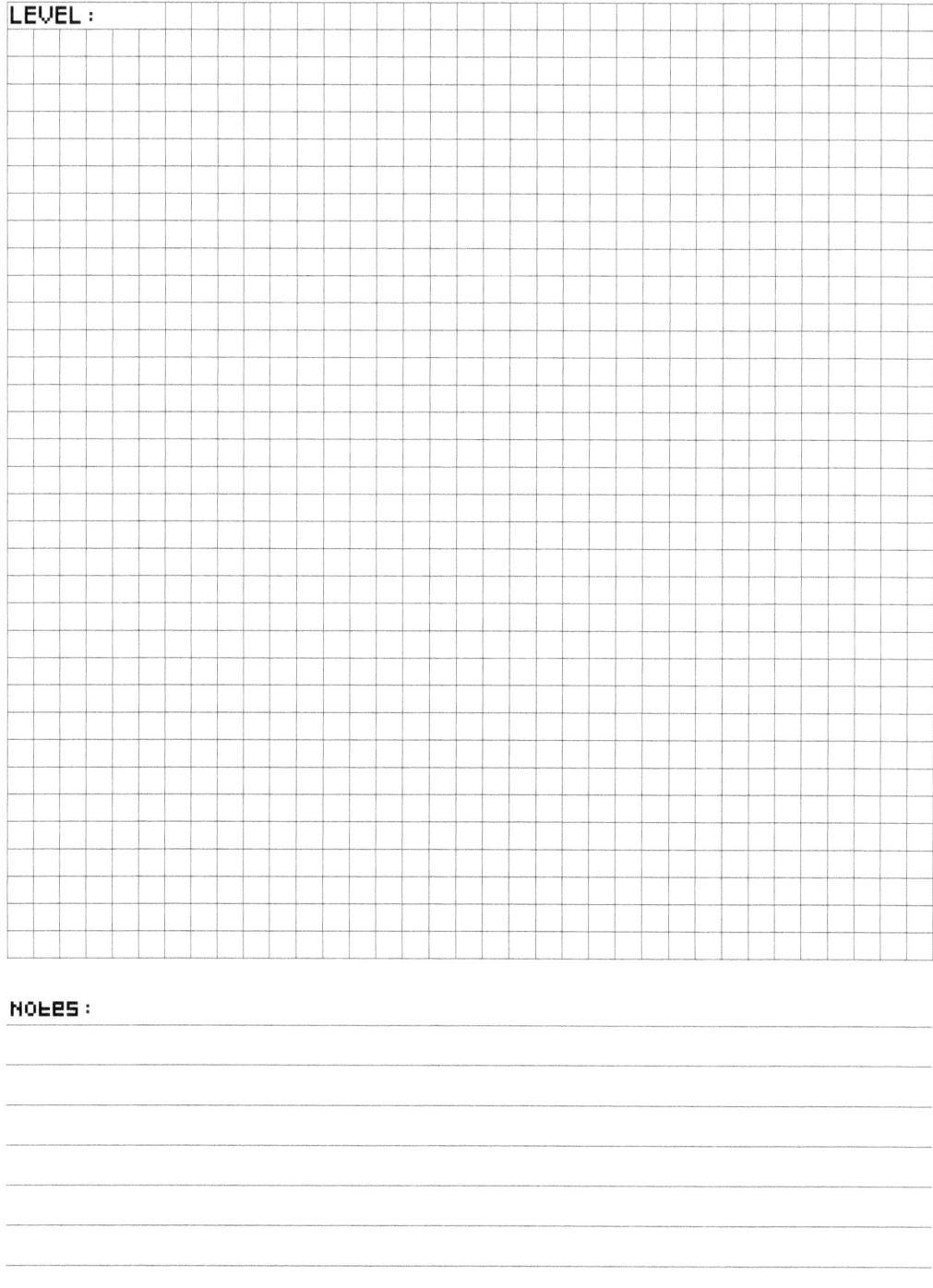

NOTES :

LEVEL :

NOTES :

LEVEL :

NOTES :

LEVEL :

NOTES :

LEVEL :

NOTES :

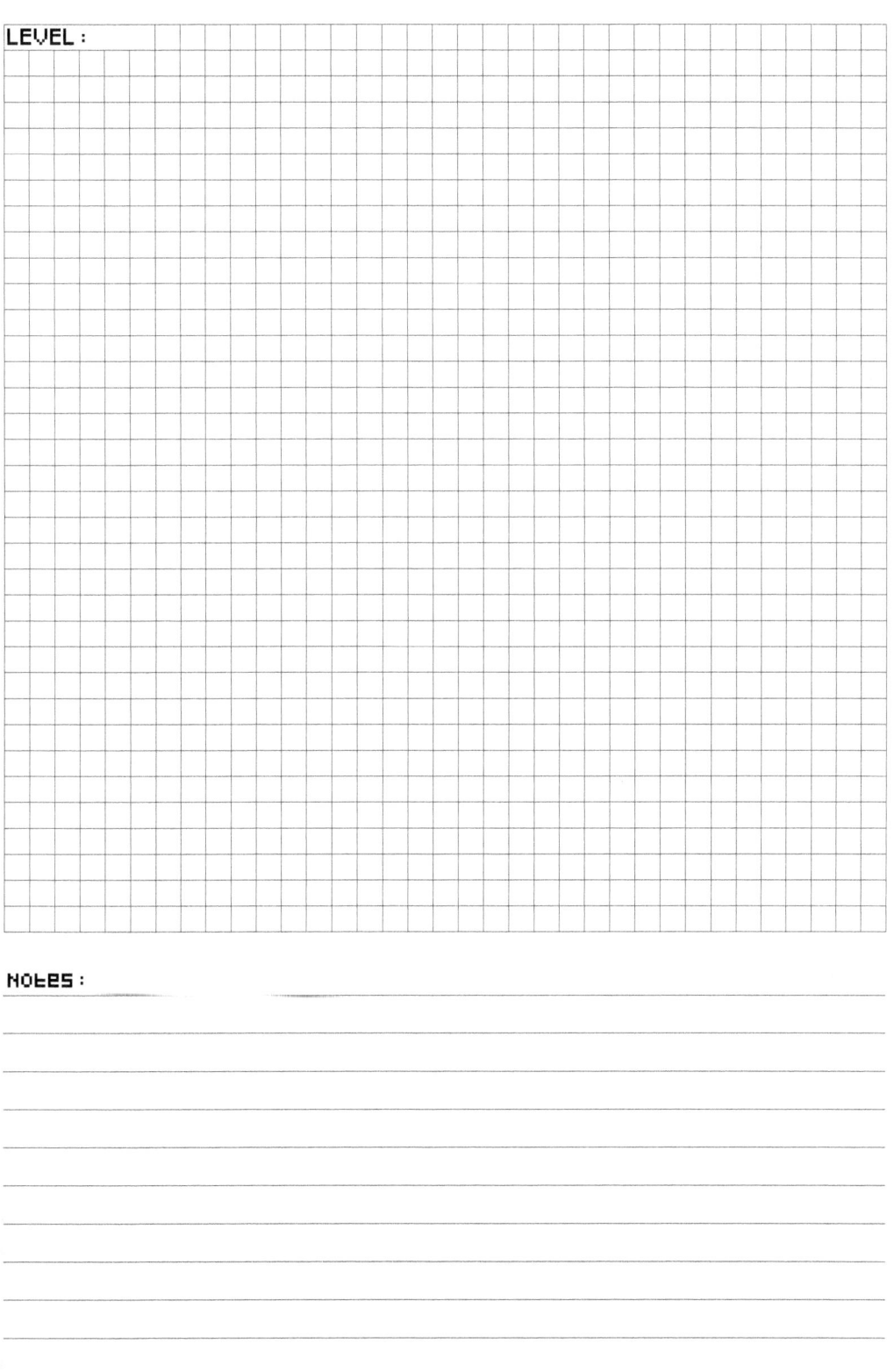

NOTES :

LEVEL :

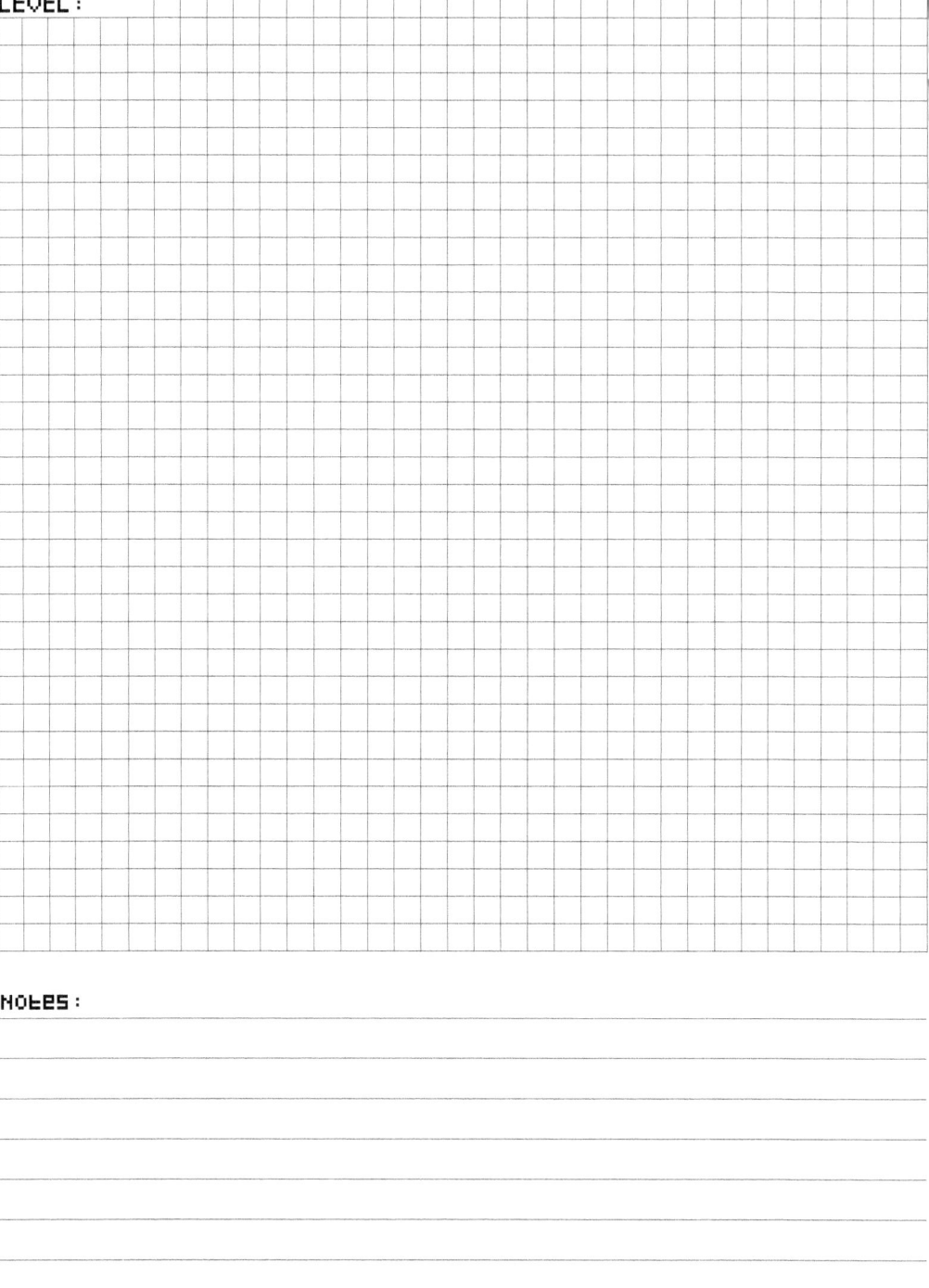

NOTES :

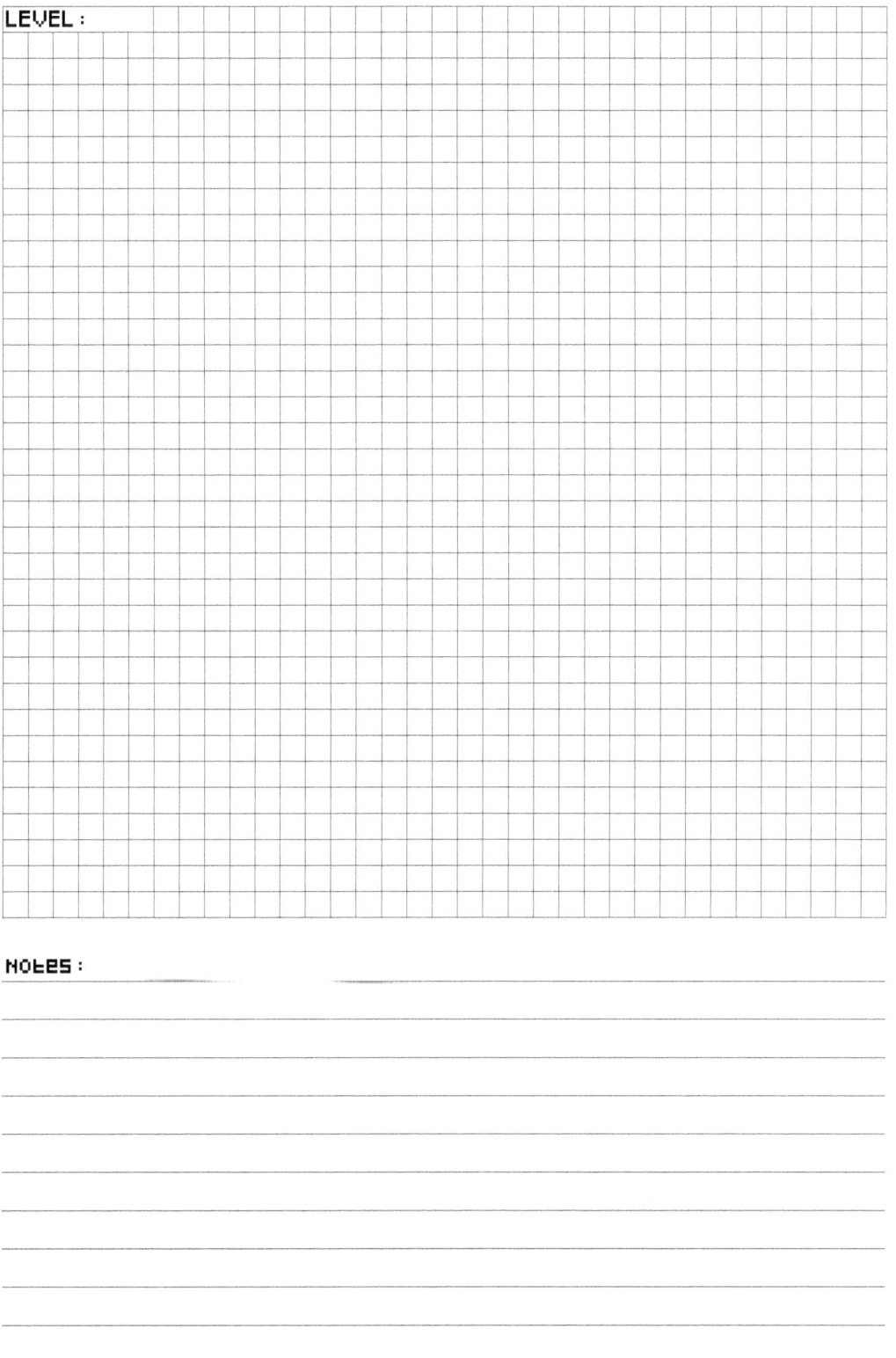

NOLES :

LEVEL :

NOtES :

LEVEL :

NOTES :

LEVEL :

NOTES :

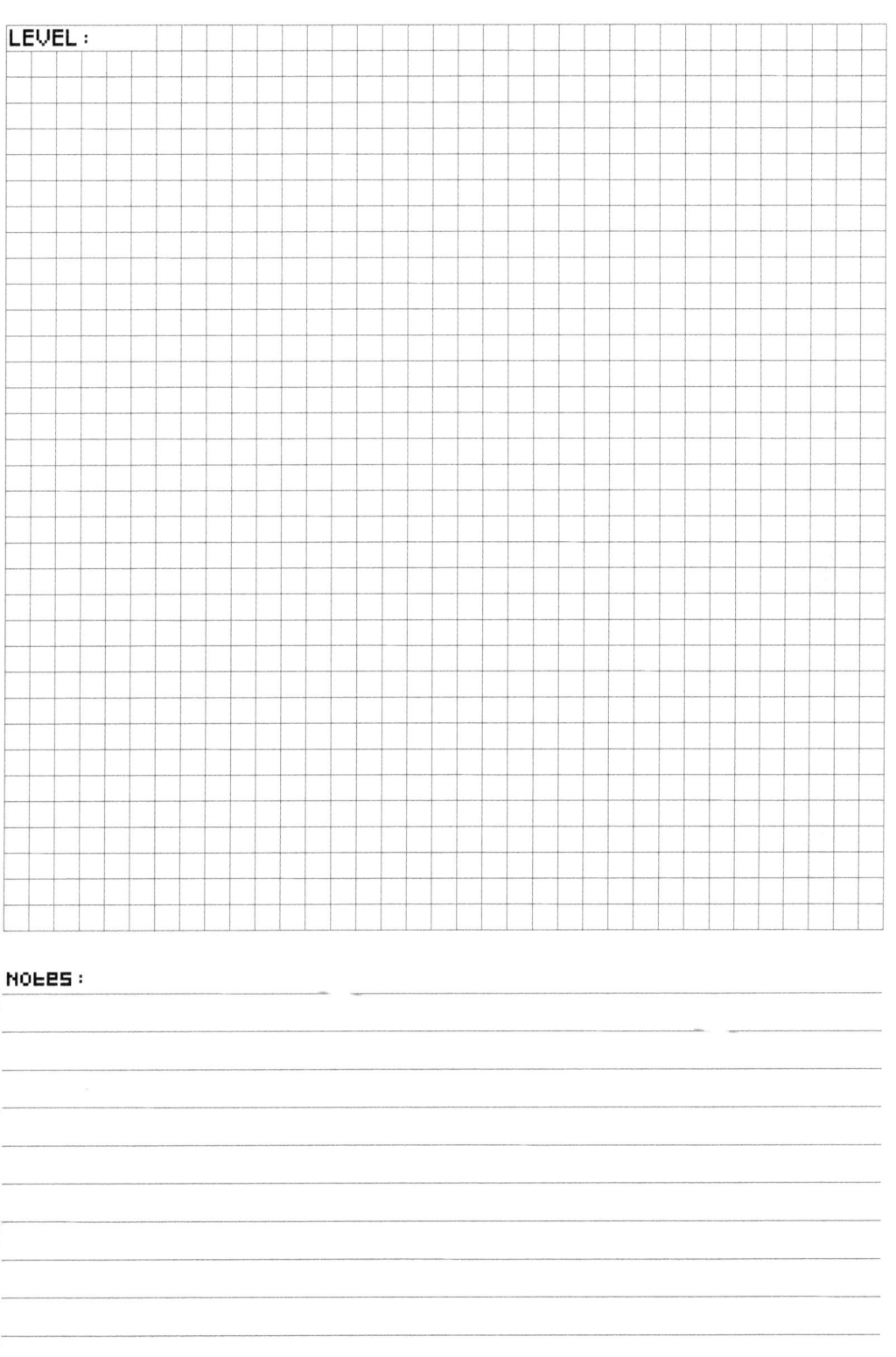

LEVEL :

NOTES :

LEVEL :

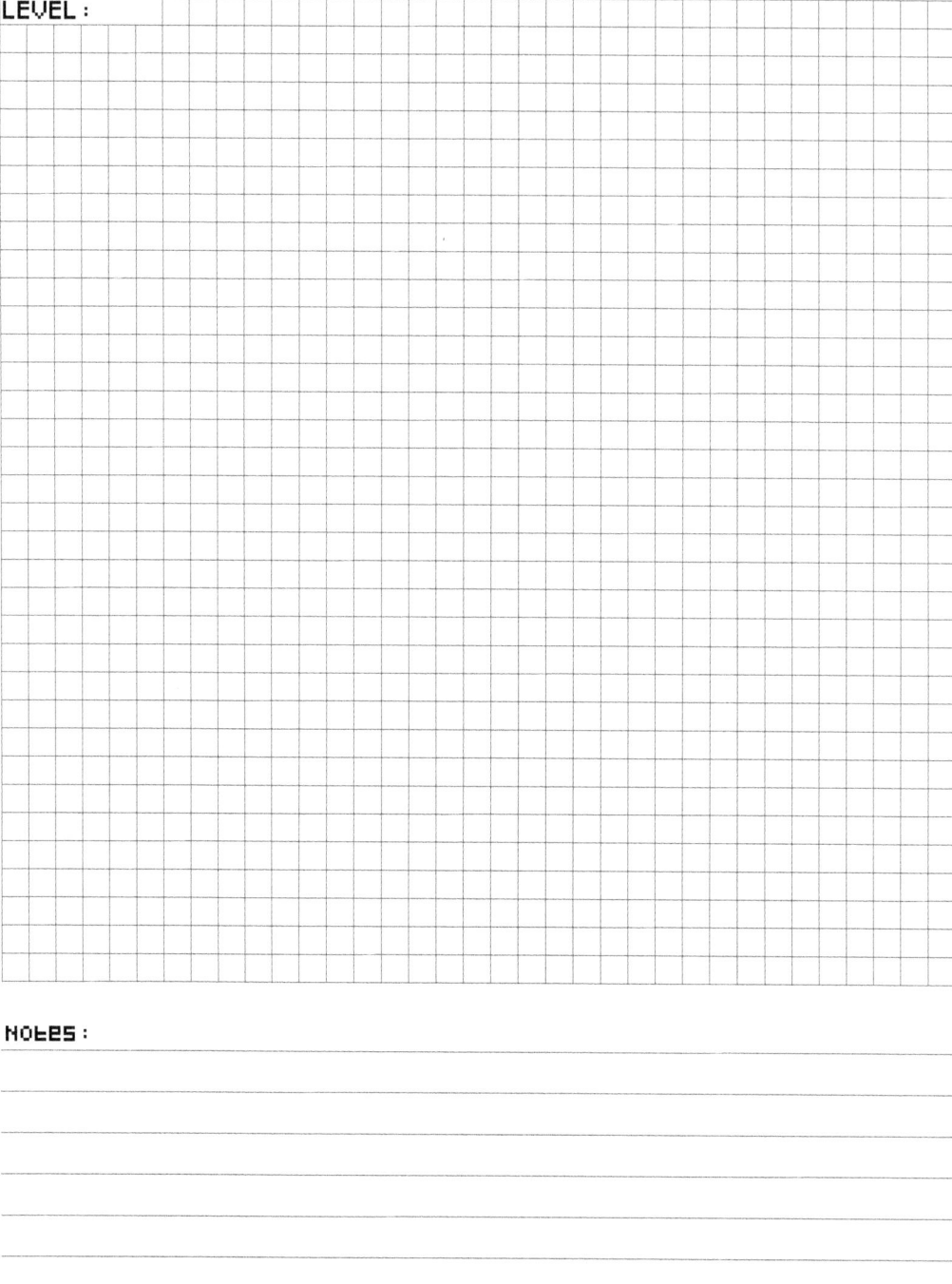

NOLES :

LEVEL :

NOTES :

LEVEL :

NOTES :

LEVEL :

NOTES :

LEVEL :

NOTES :

LEVEL :

NOTES :

LEVEL :

NOTES :

LEVEL :

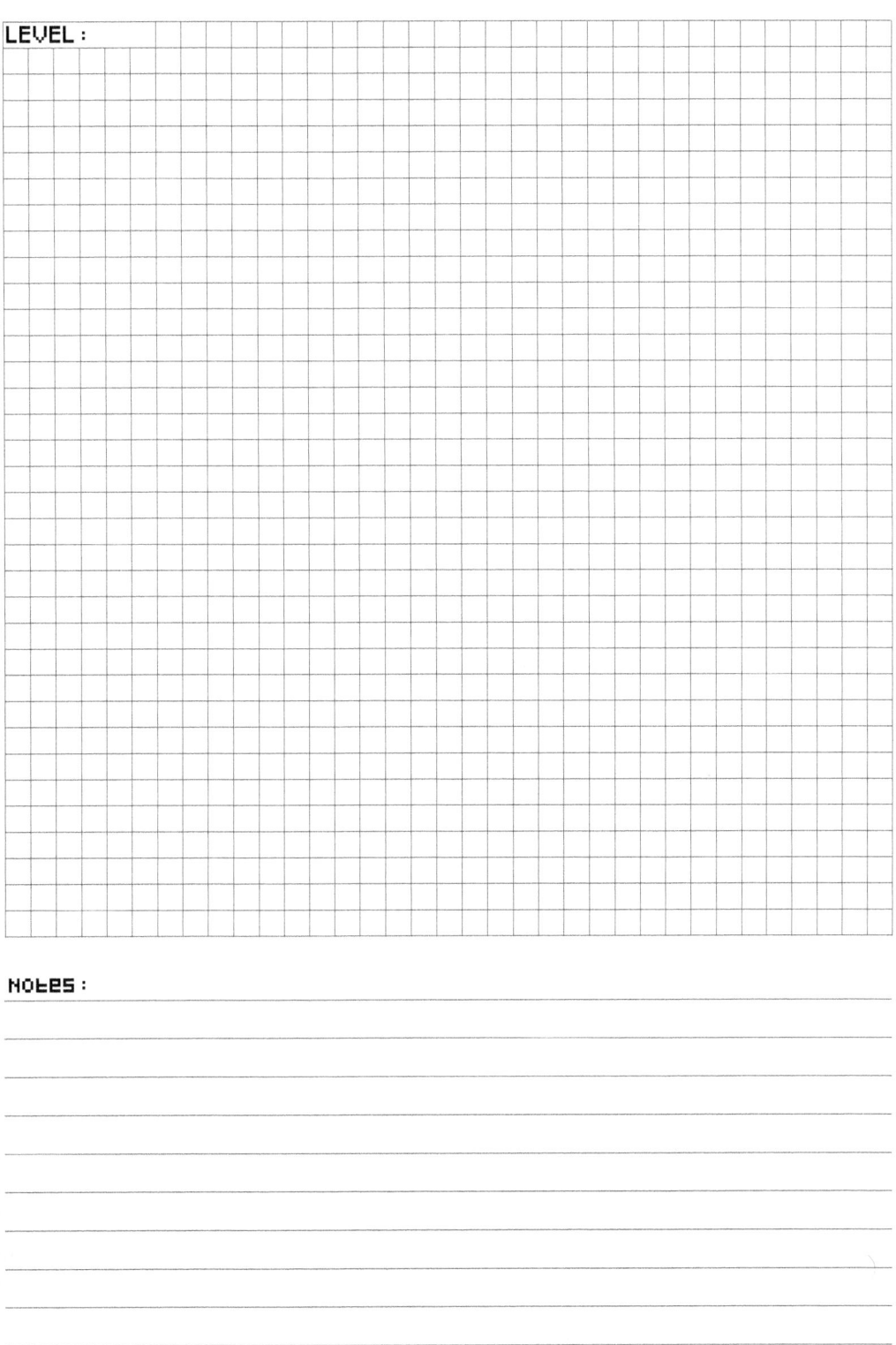

NOTES :

LEVEL :

NOTES :

LEVEL :

NOTES :

LEVEL :

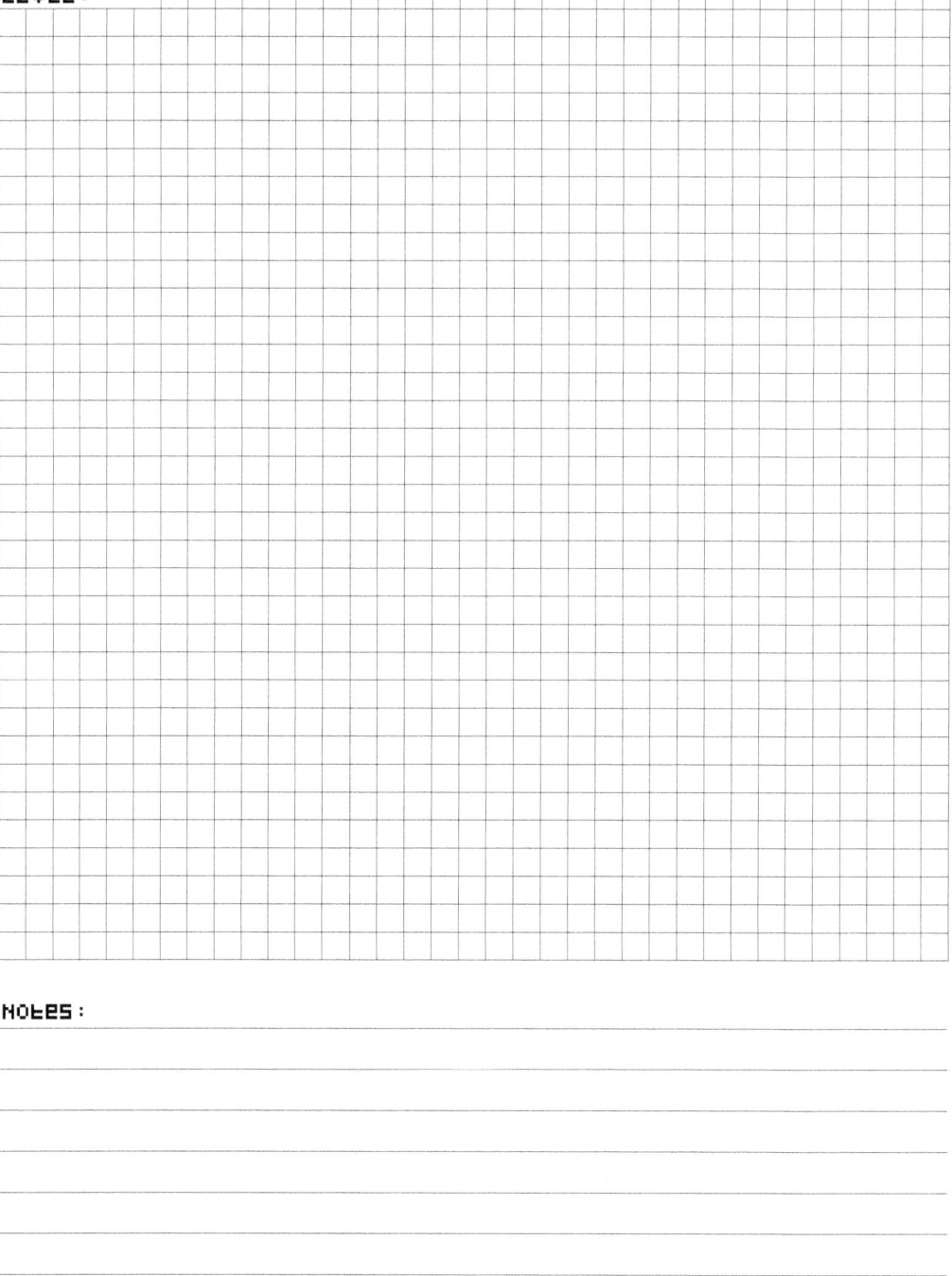

NOTES :

LEVEL :

NOTES :

LEVEL :

NOTES :

LEVEL :

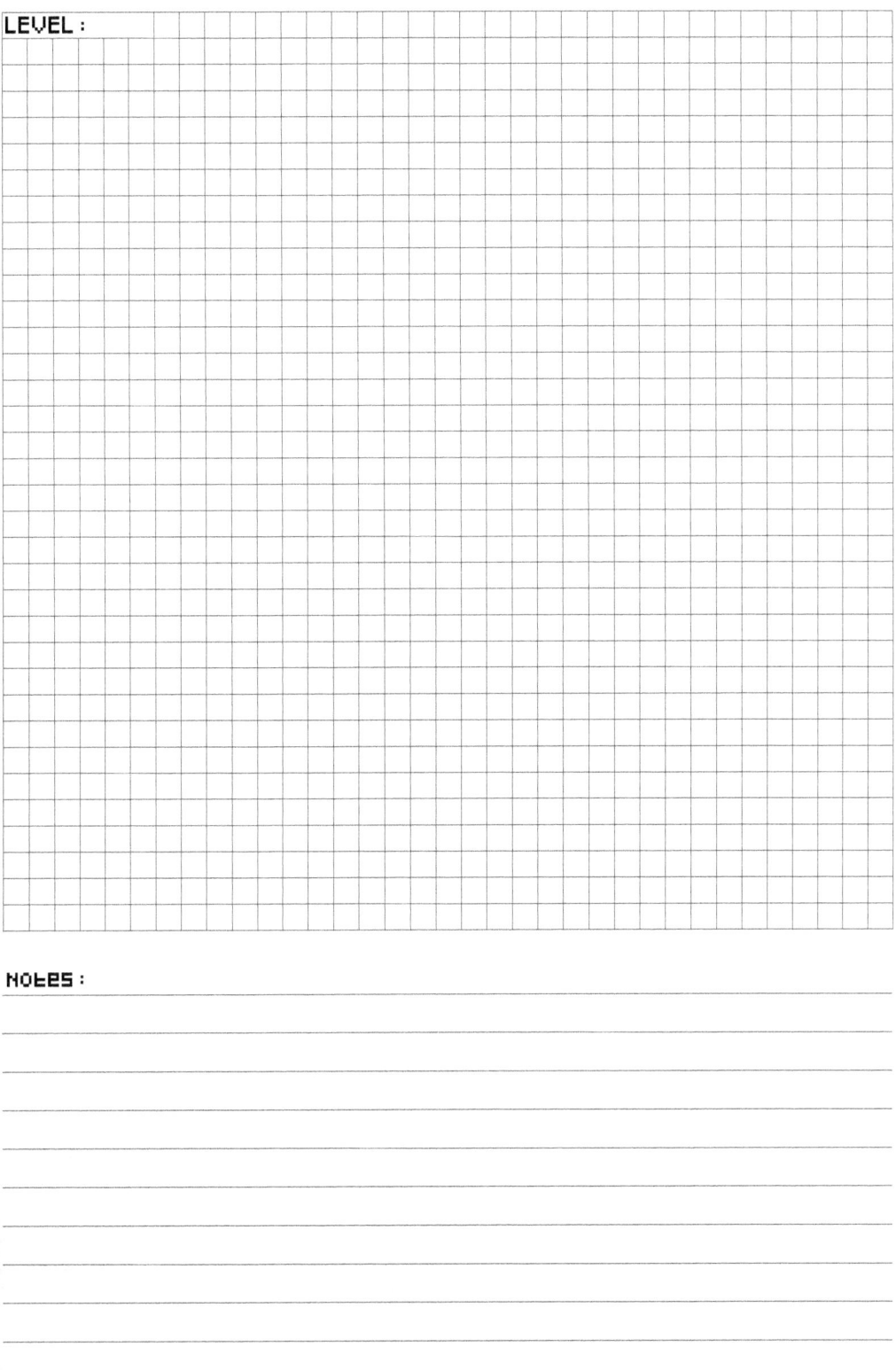

NOTES :

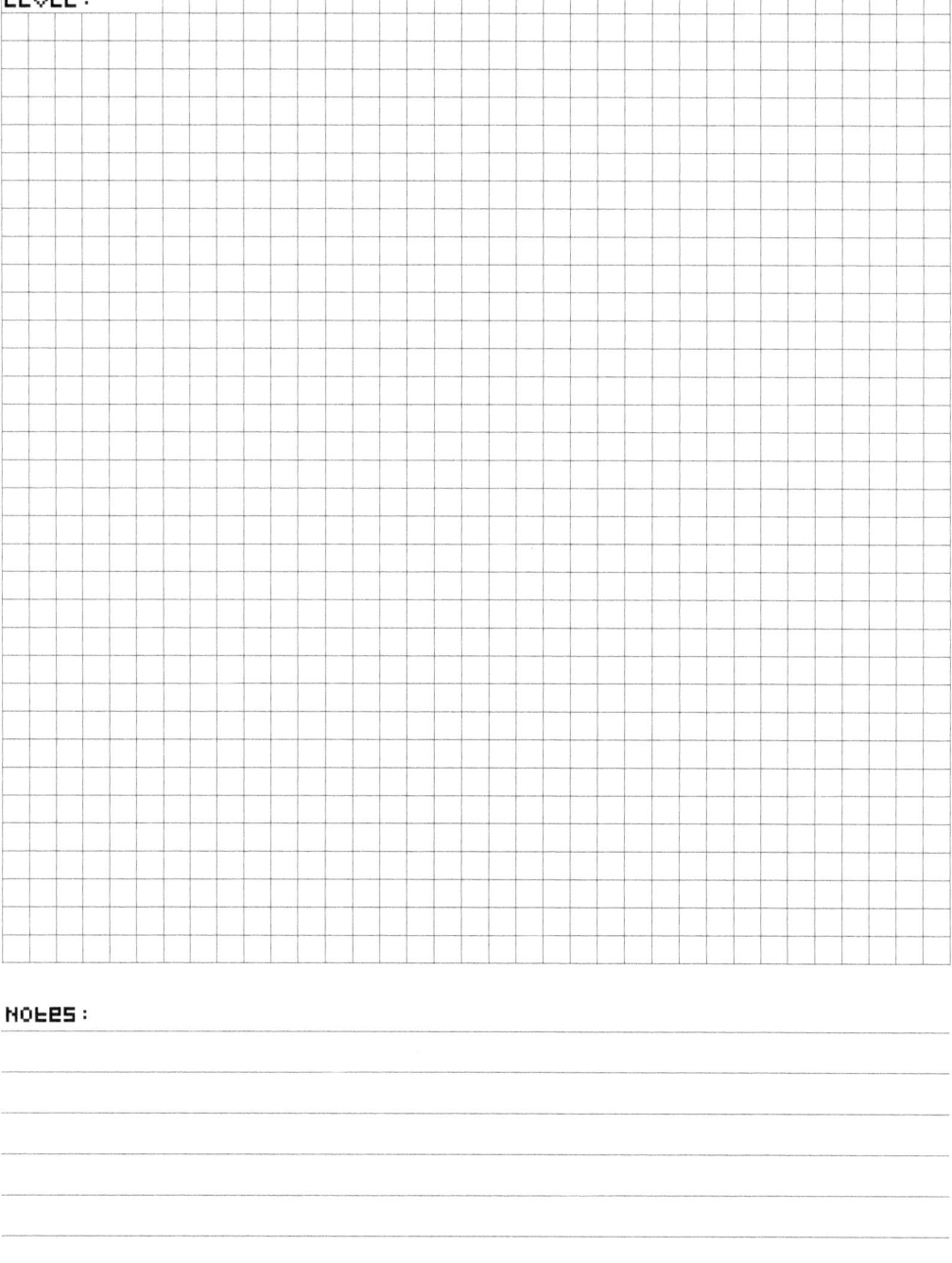

LEVEL :

NOTES :

LEVEL :

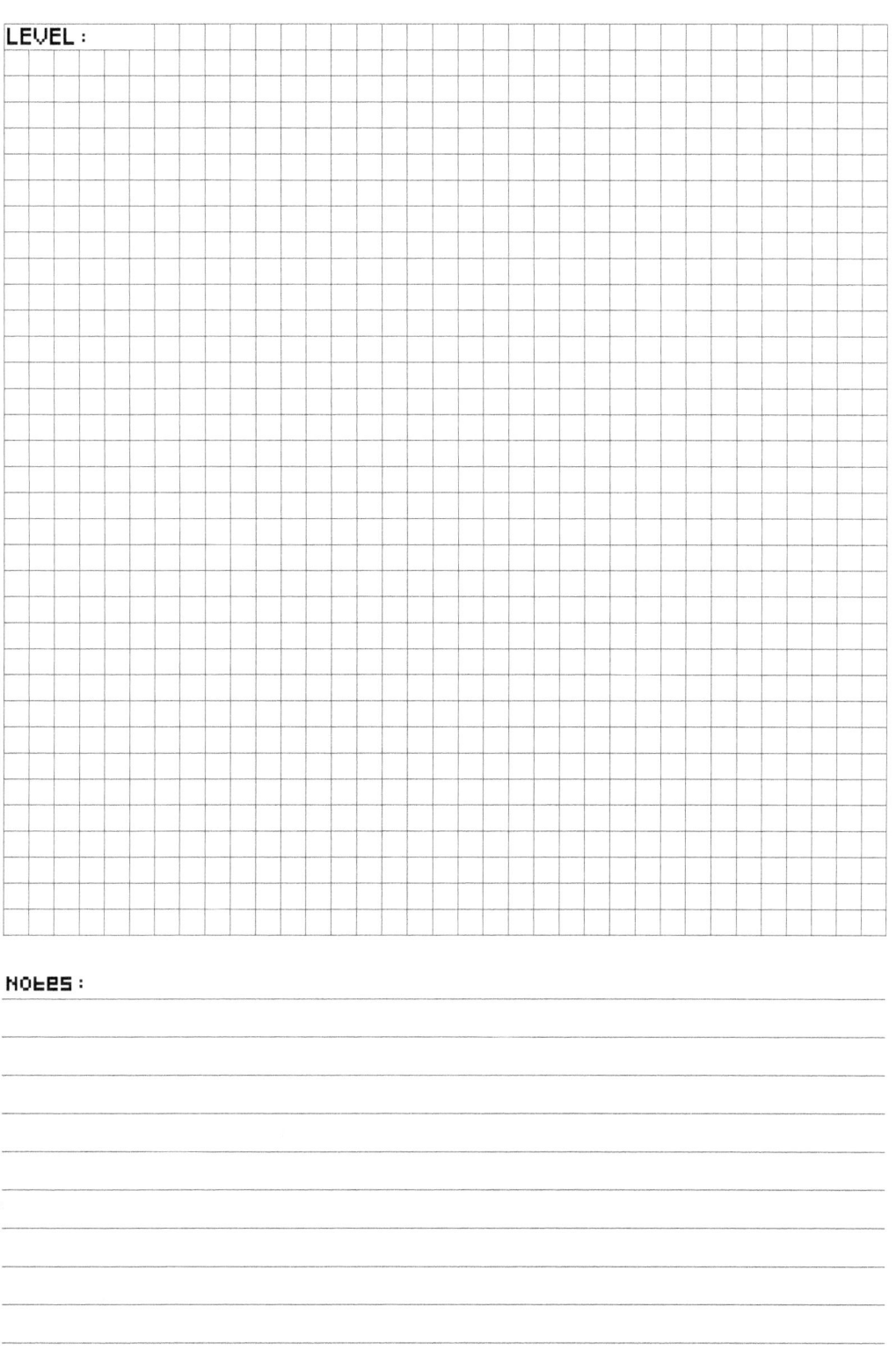

NOTES :

LEVEL :

NOEES :

LEVEL :

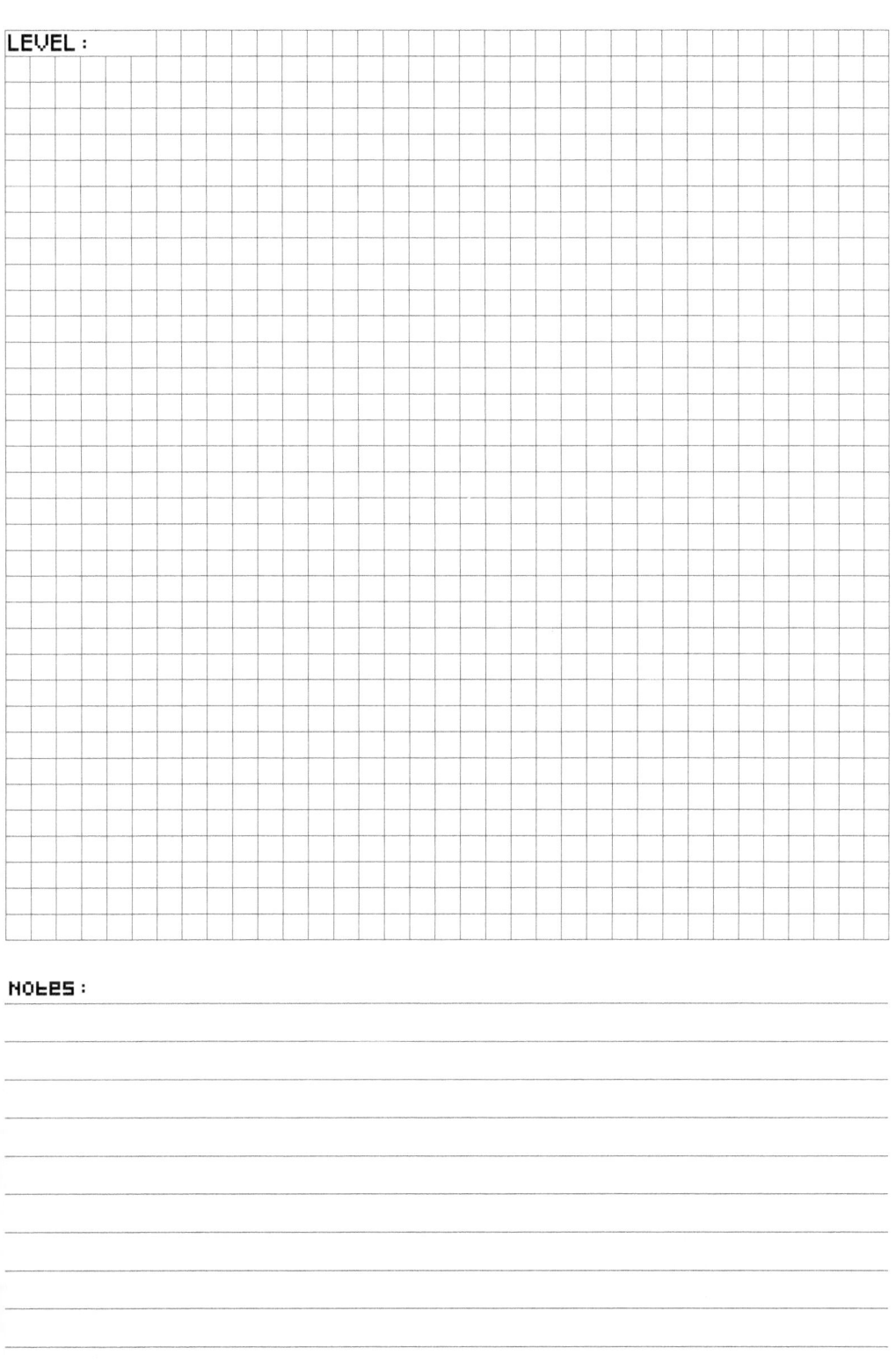

NOTES :

LEVEL :

NOTES :

LEVEL :

NOTES :

LEVEL :

NOTES :

LEVEL :

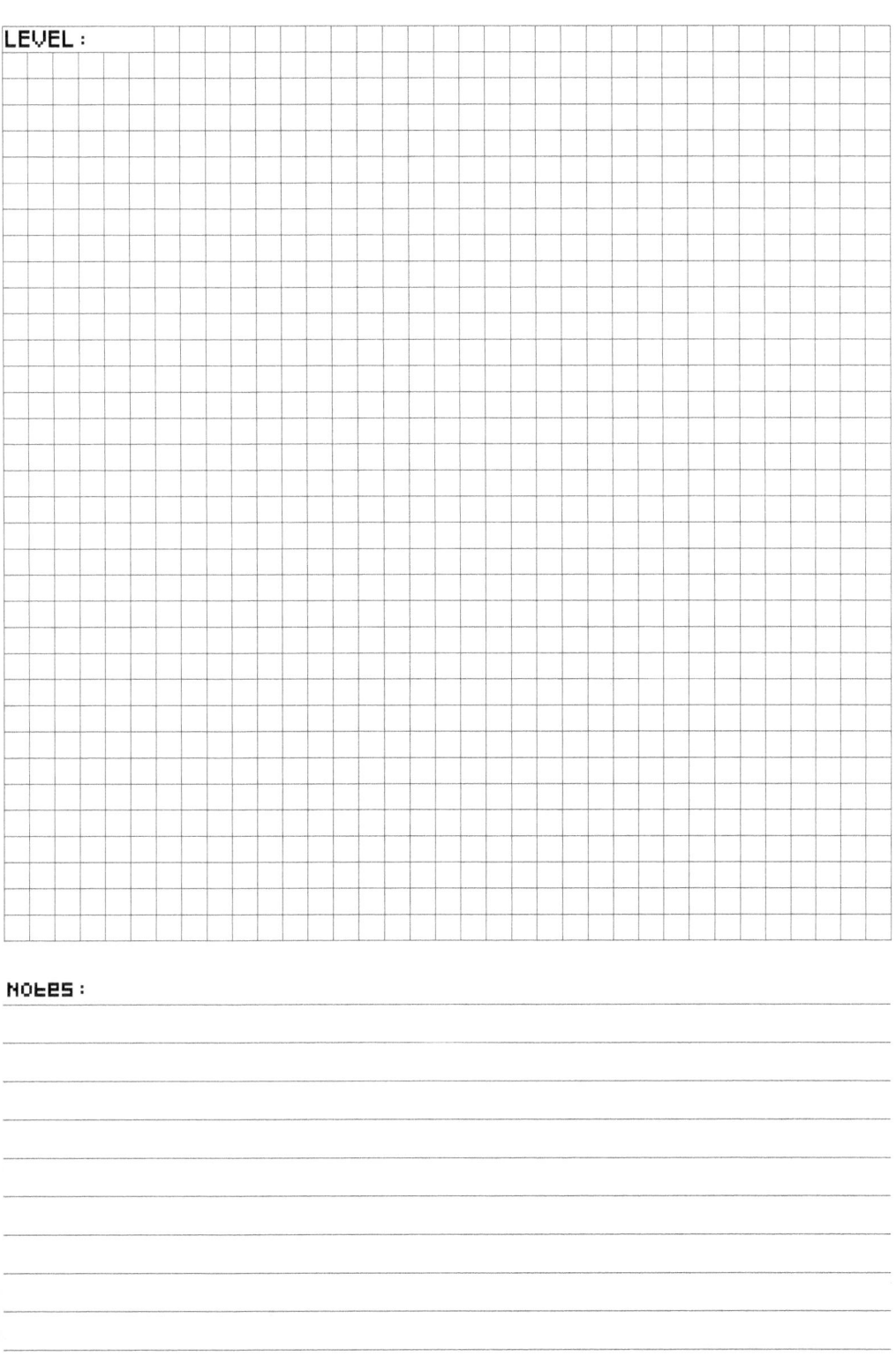

NOTES :

LEVEL :

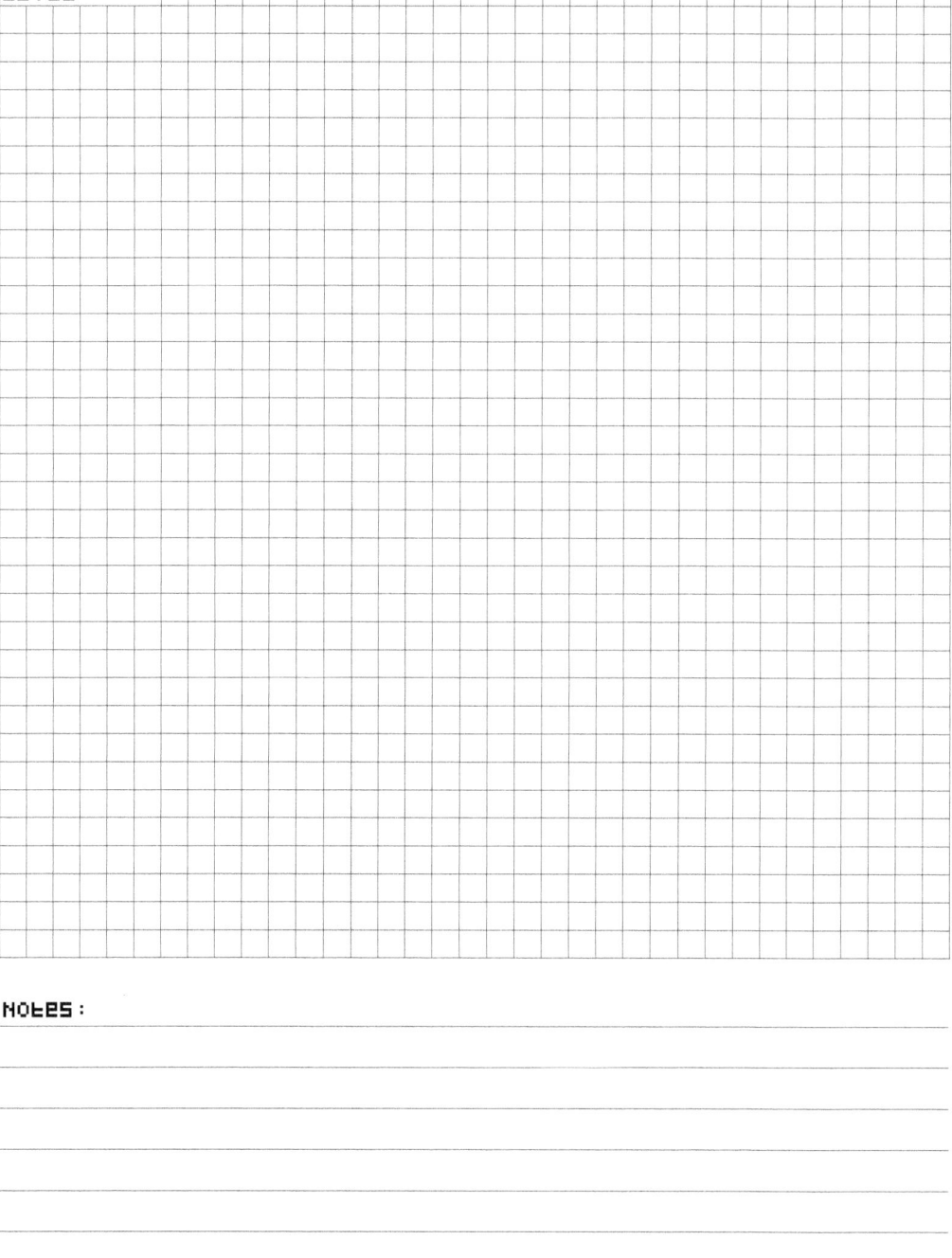

NOTES :

LEVEL :

NOTES :

LEVEL :

NOTES :

LEVEL :

NOTES :

LEVEL :

NOLES :

LEVEL :

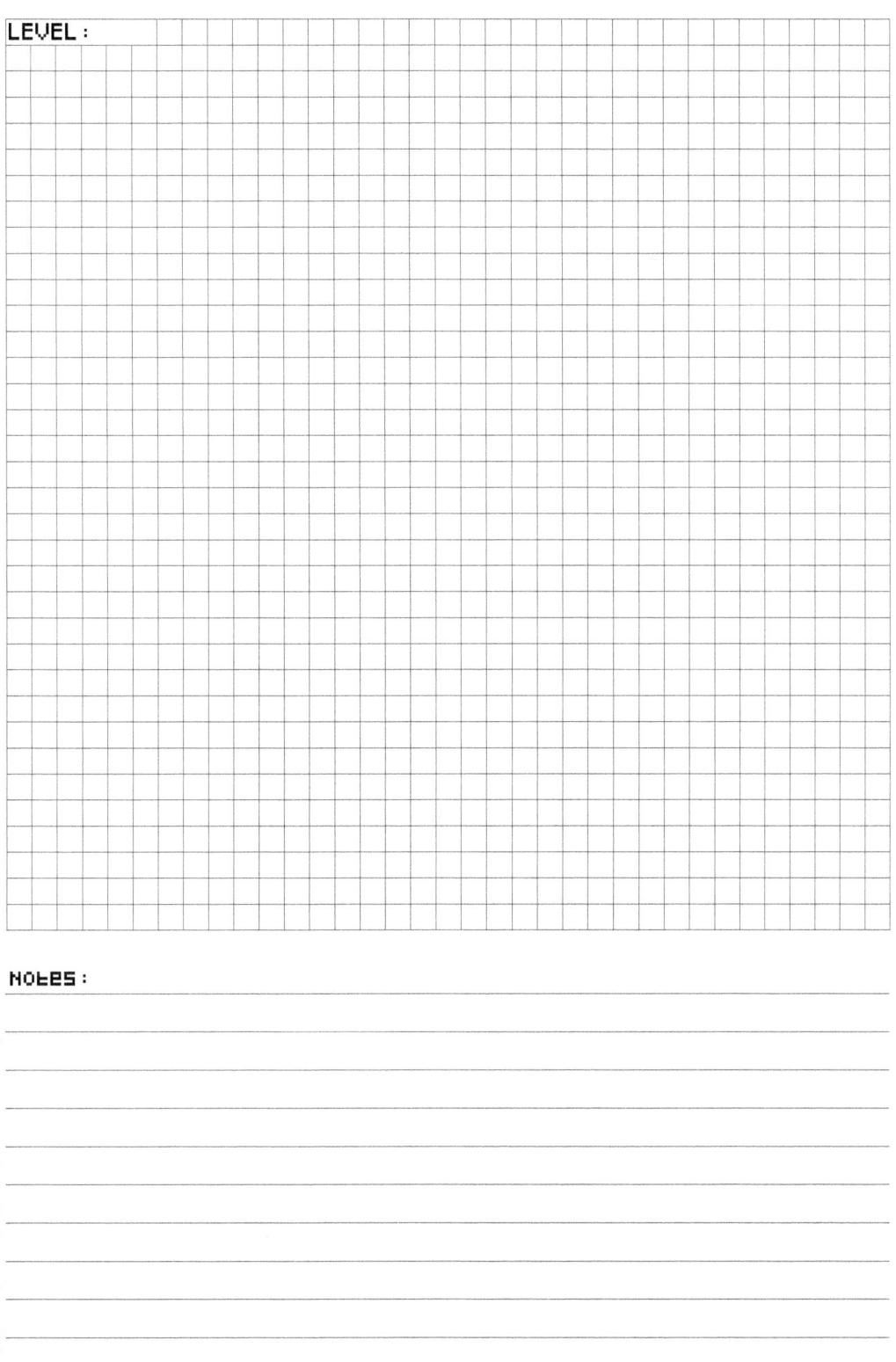

NOTES :

LEVEL :

NOTES :

LEVEL :

NOEES :

LEVEL :

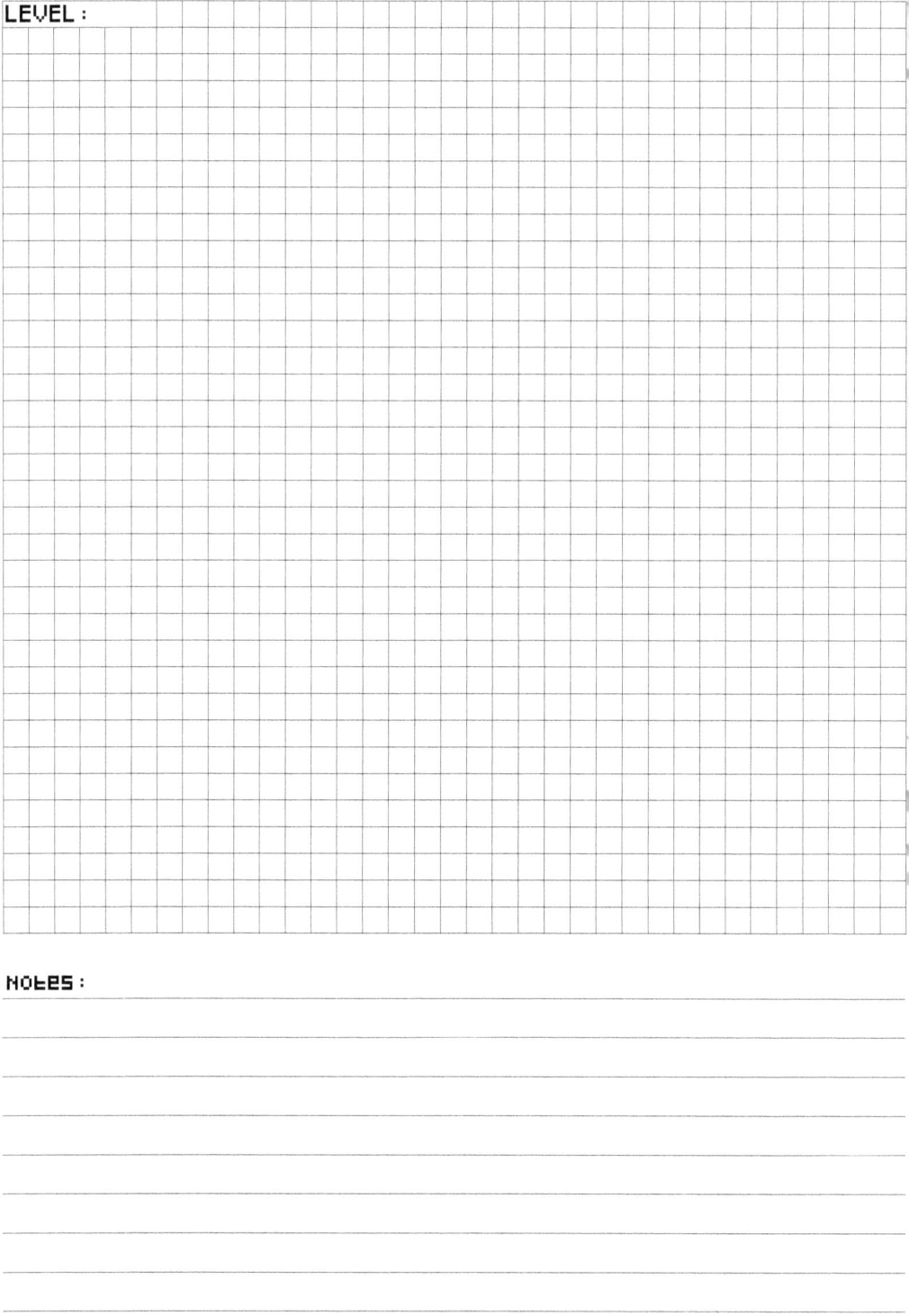

NOTES :

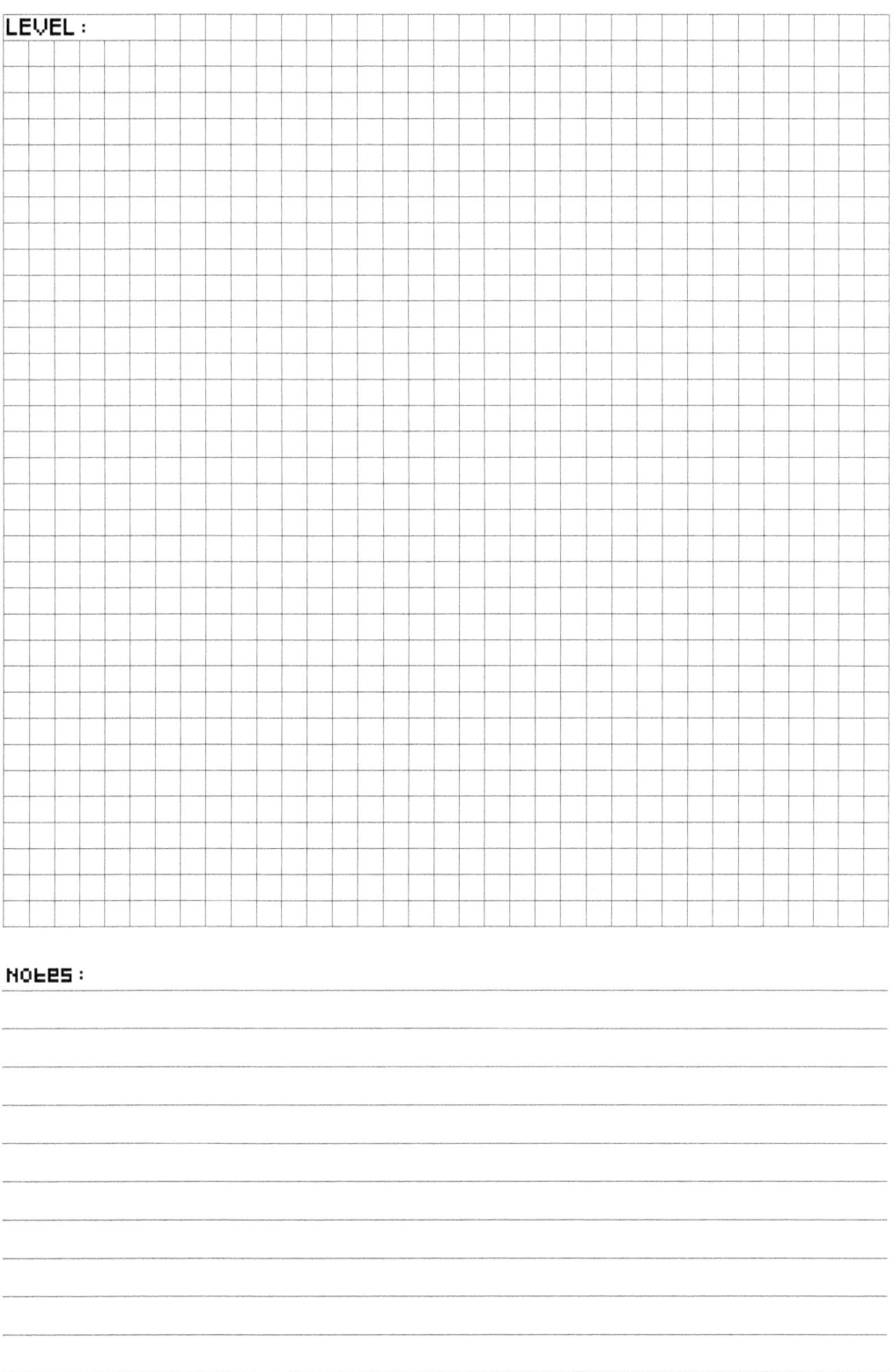

NOTES :

LEVEL :

NOTES :

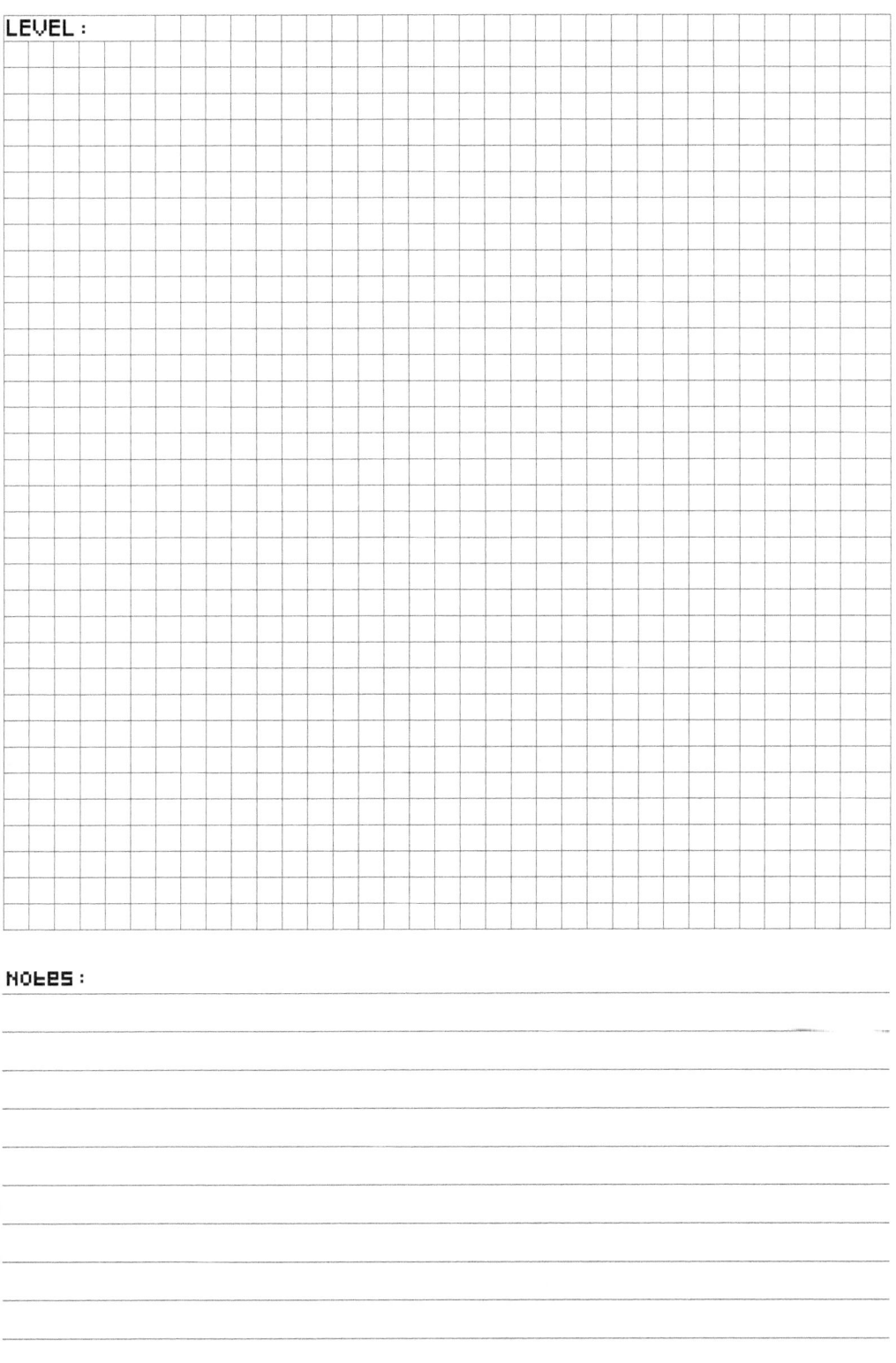

LEVEL :

NOTES :

LEVEL :

NOTES :

LEVEL :

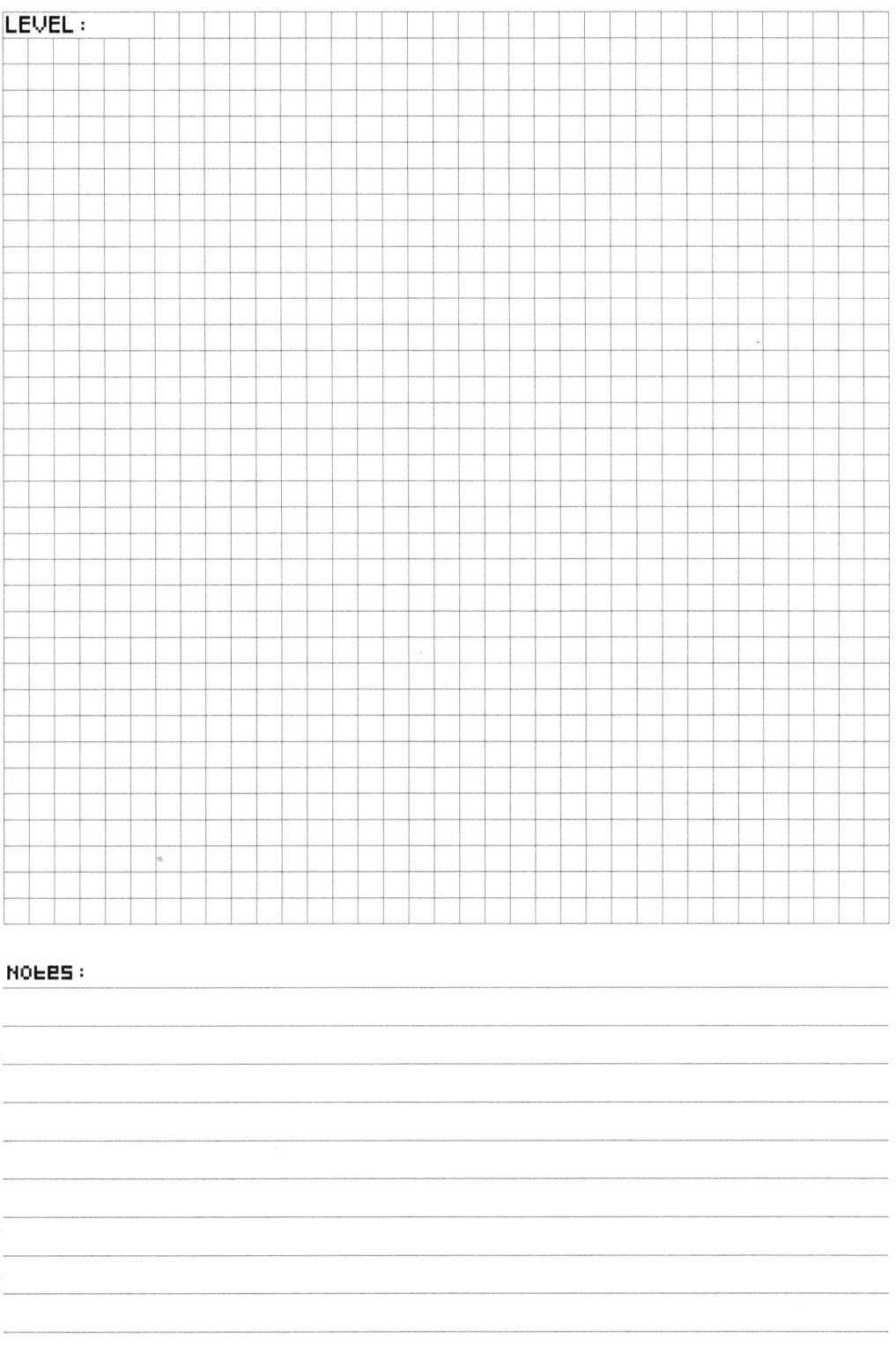

NOTES :

LEVEL :

NOTES :

LEVEL :

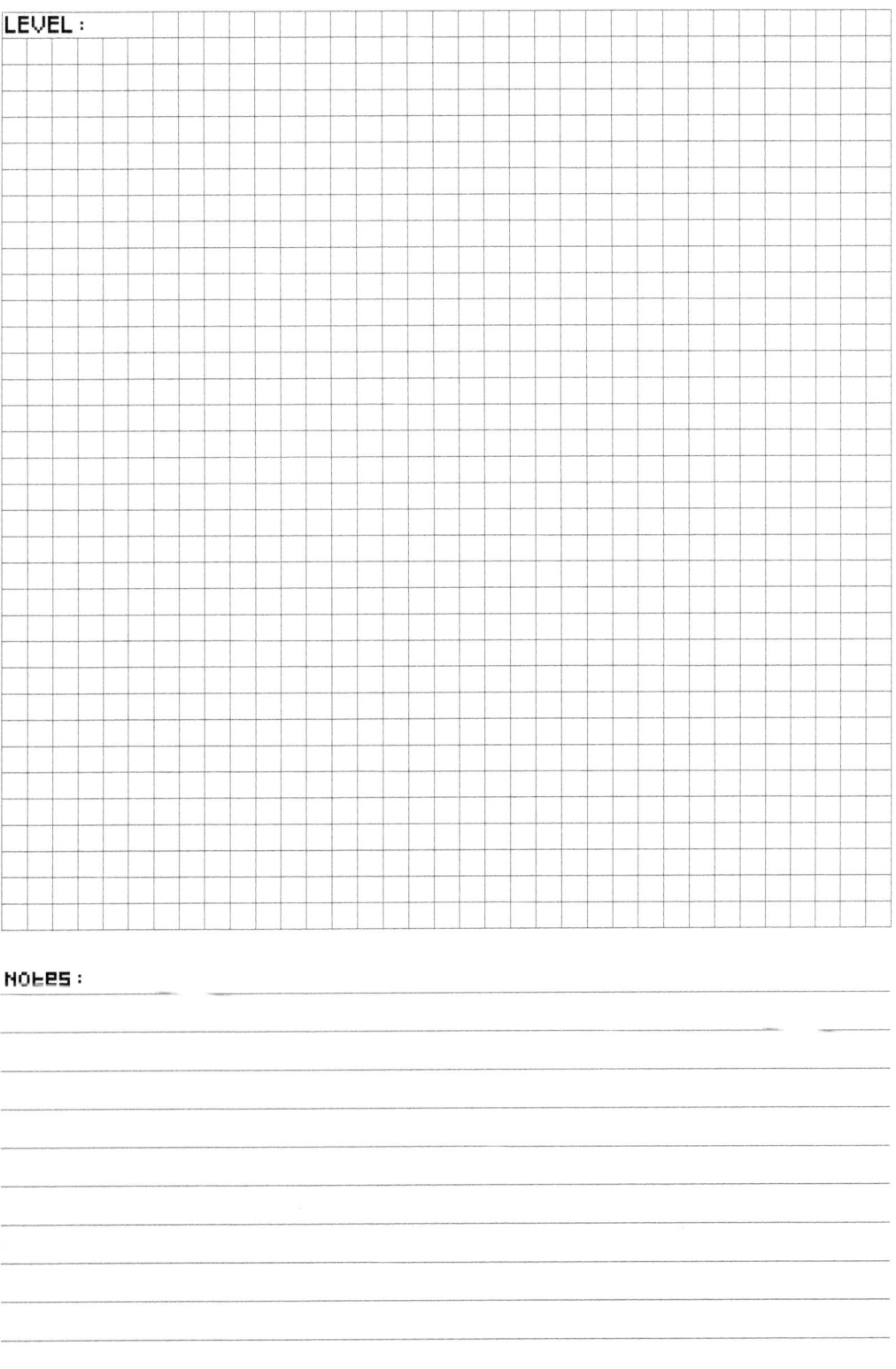

NOTES :

LEVEL :

NOTES :

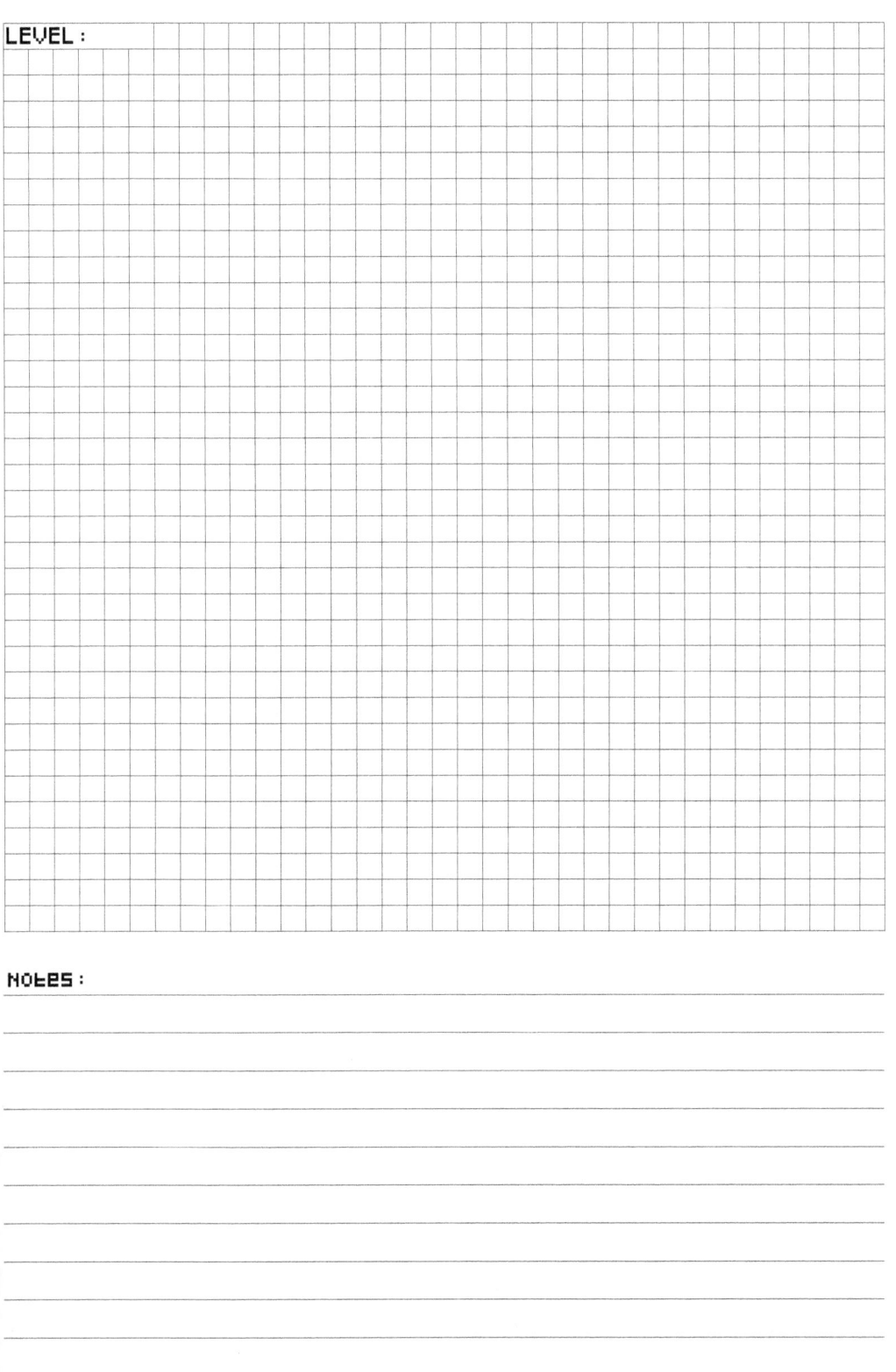

LEVEL :

NOTES :

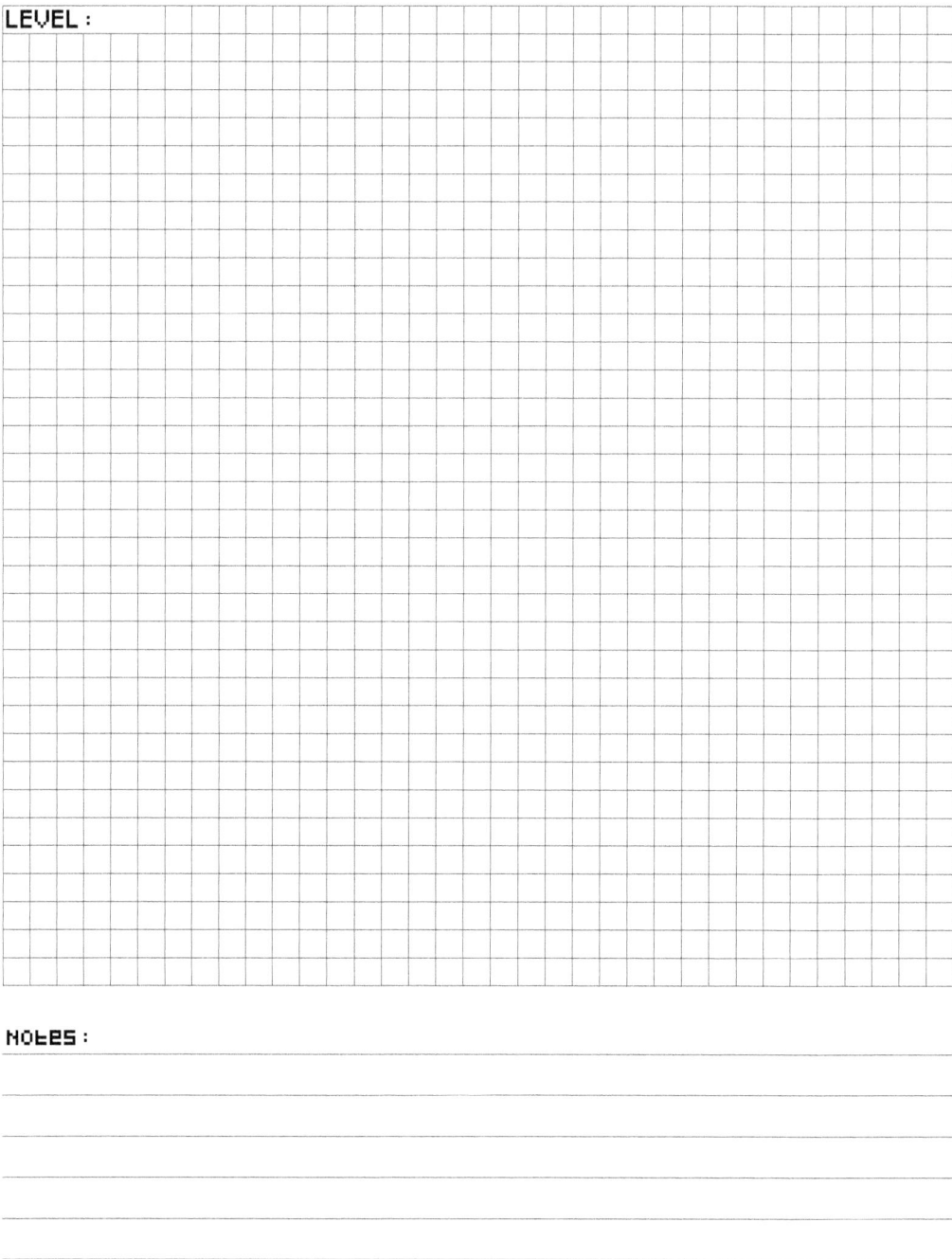

NOTES :

LEVEL :

NOTES :

LEVEL :

NOTES :

LEVEL :

NOTES :

LEVEL :

NOTES :

LEVEL :

NOTES :

LEVEL :

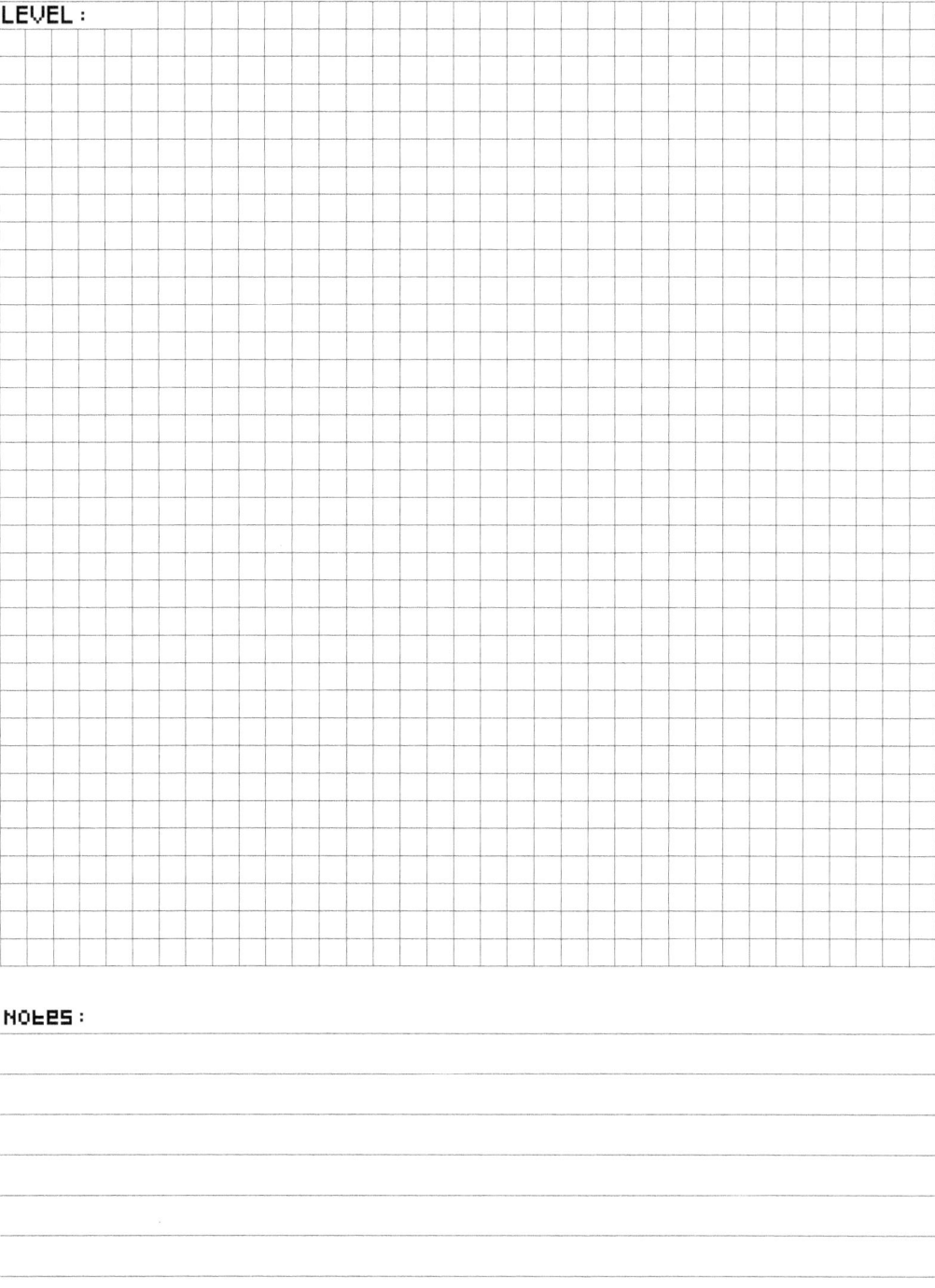

NOTES :

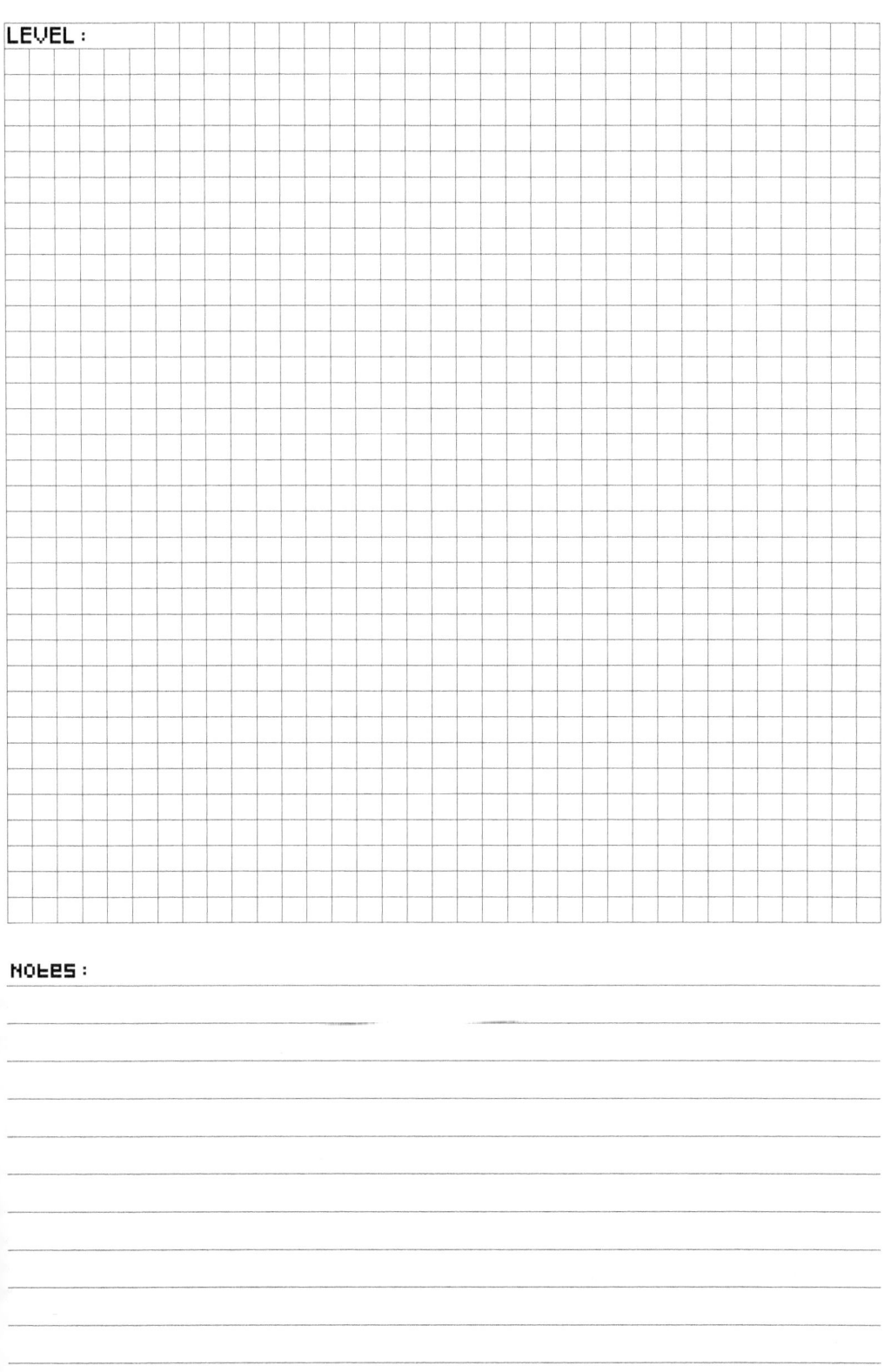

LEVEL :

NOTES :

LEVEL :

NOTES :

LEVEL :

NOTES :

LEVEL :

NOTES :

LEVEL :

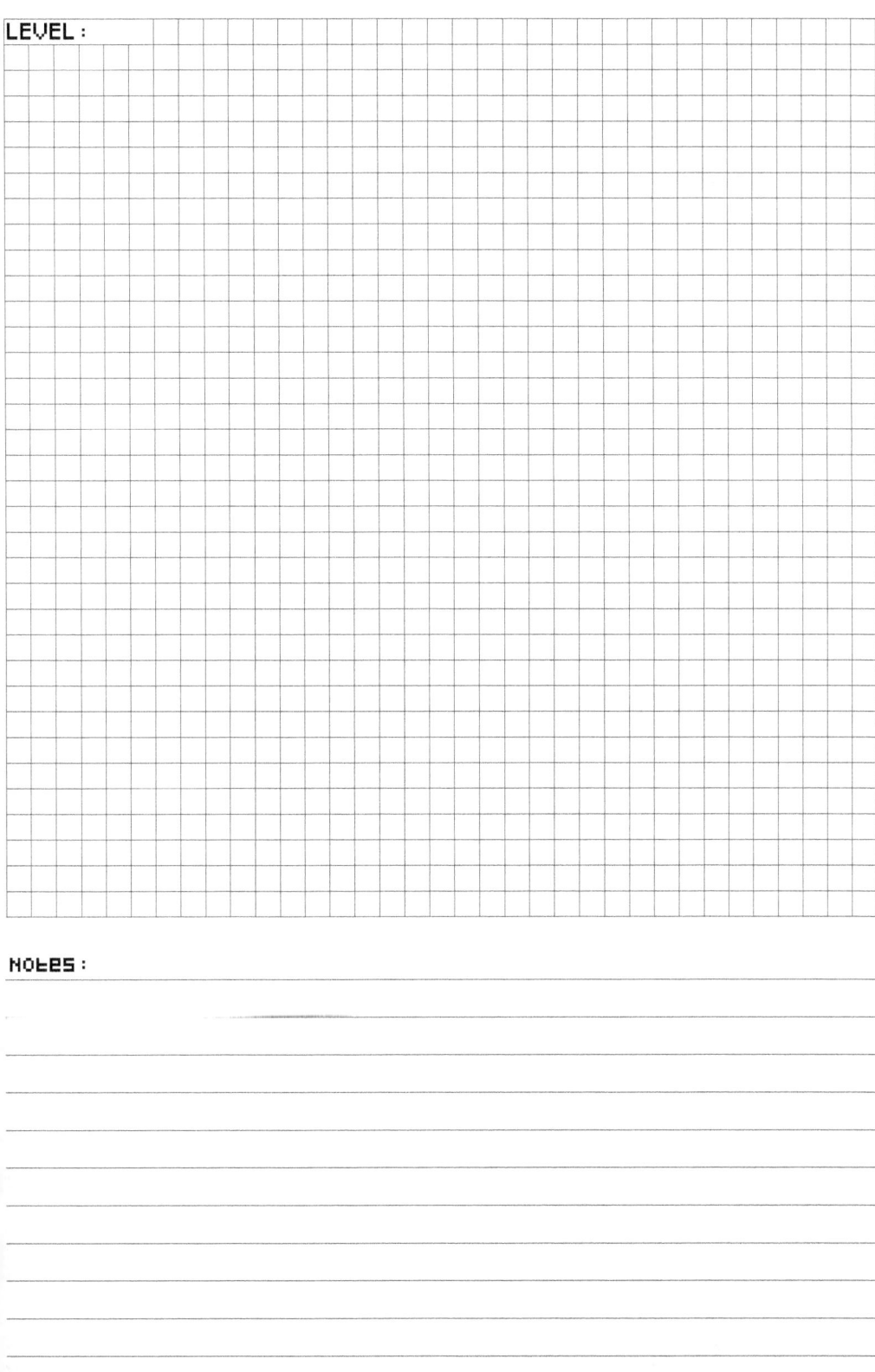

NOTES :

LEVEL :

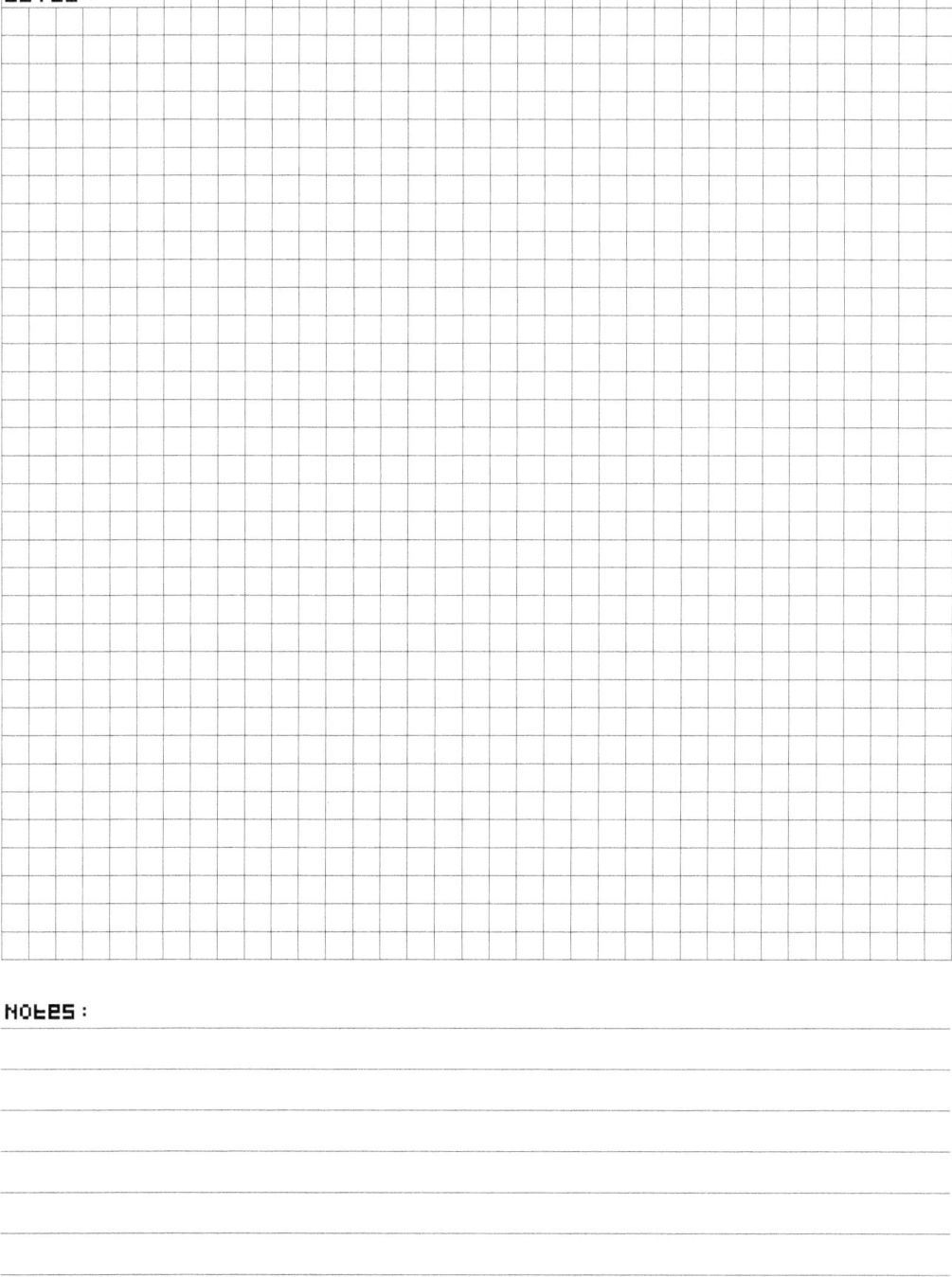

NOTES :

LEVEL :

NOTES :

LEVEL :

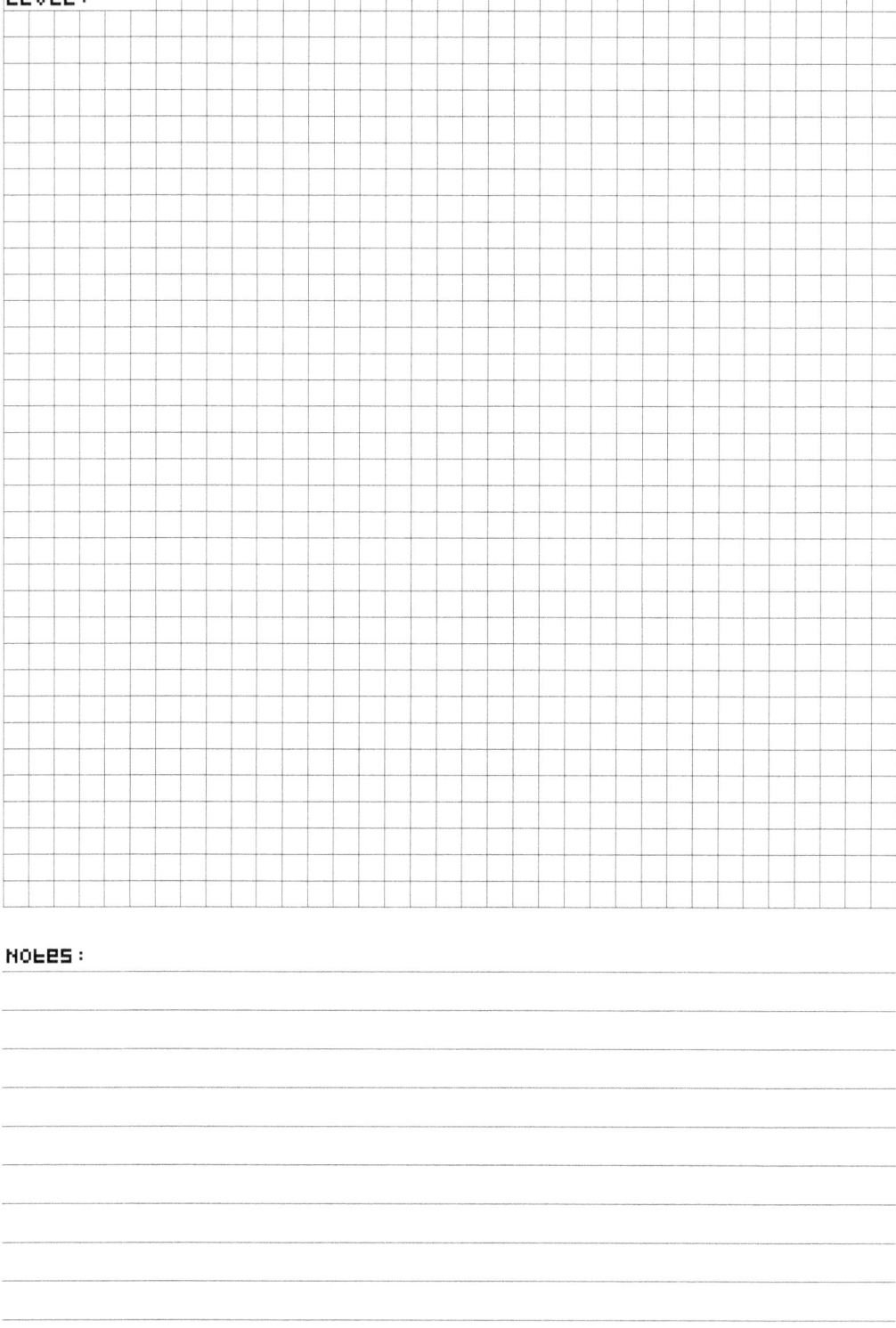

NOTES :

LEVEL :

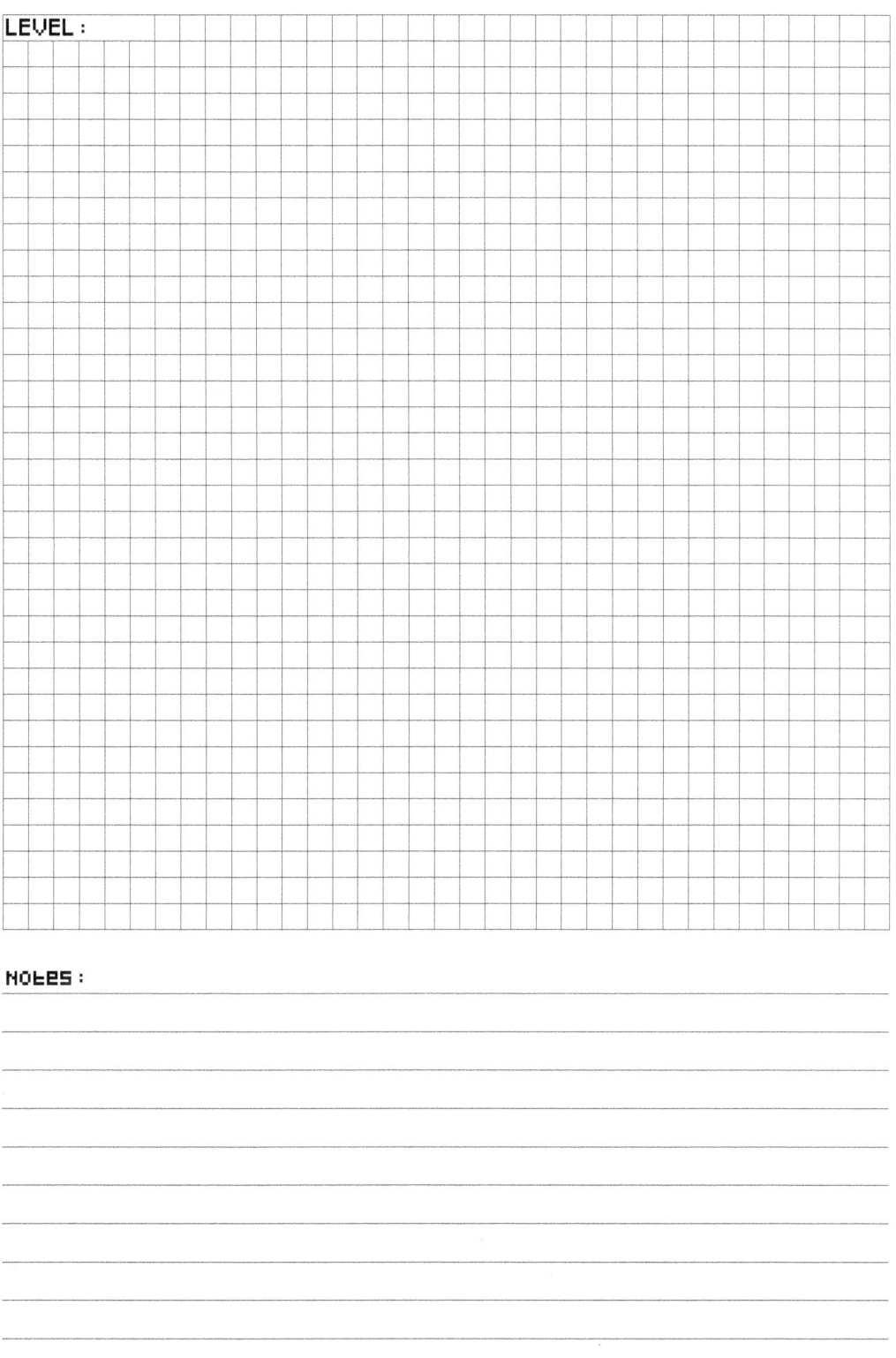

NOTES :

LEVEL :

NOTES :

LEVEL :

NOTES :

LEVEL :

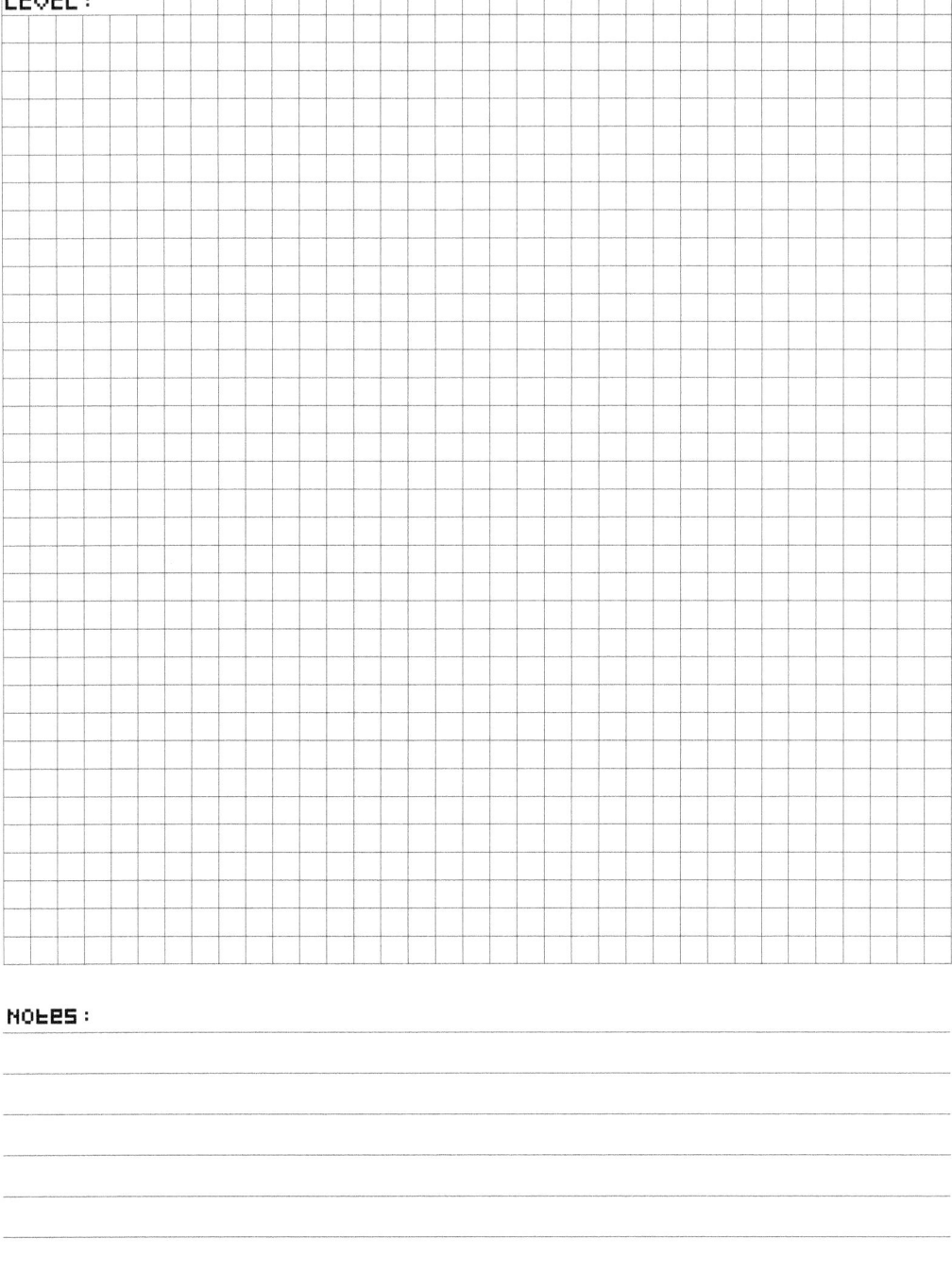

NOTES :

LEVEL :

NOTES :

LEVEL :

NOTES :

LEVEL :

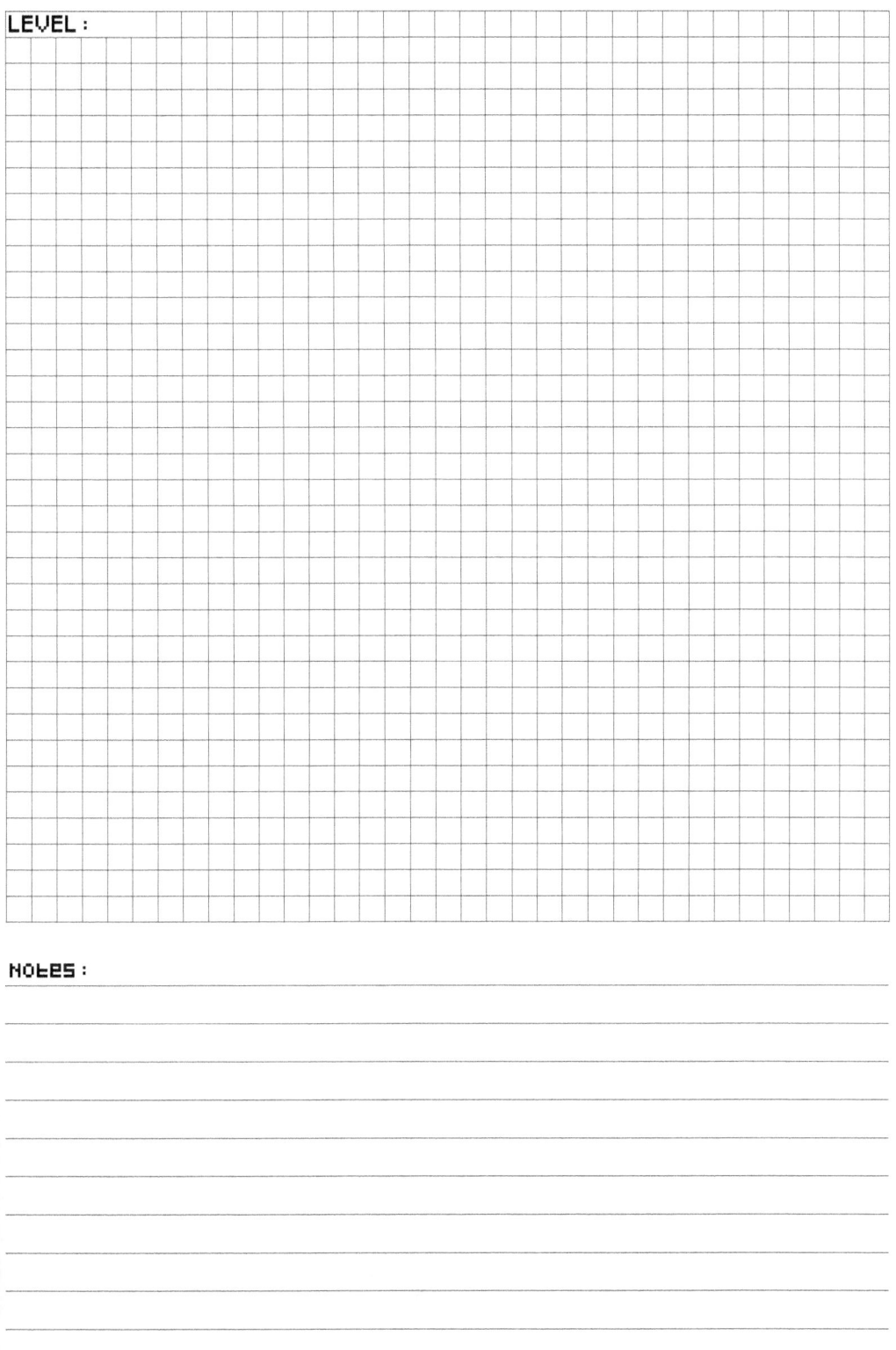

NOTES :

LEVEL :

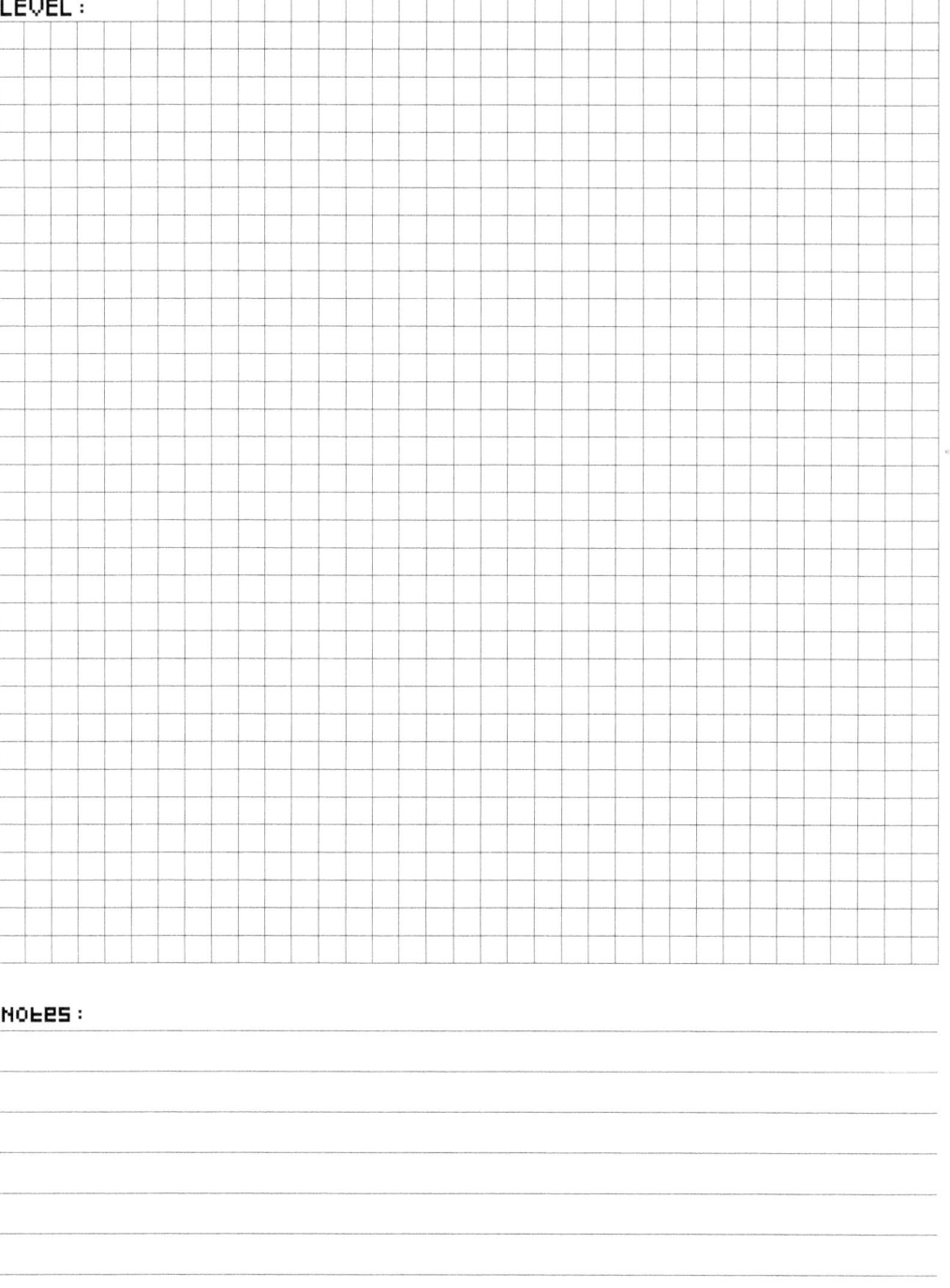

NOTES :

www.ingramcontent.com/pod-product-compliance
Lightning Source LLC
Chambersburg PA
CBHW070210290526
45789CB00002B/953